对于美好人生的期待，值得我们对自己严格一点。

生活需要自律力

人民交通出版社股份有限公司
China Communications Press Co.,Ltd.

图书在版编目(CIP)数据

生活需要自律力 / 童小言著. —北京：人民交通出版社股份有限公司，2019.7

ISBN 978-7-114-15529-1

Ⅰ. ①生… Ⅱ. ①童… Ⅲ. ①自律—女性读物 Ⅳ. ①C933.41–49

中国版本图书馆CIP数据核字（2019）第084808号

书　　名：**生活需要自律力**
著 作 者：童小言
监　　制：邵　江
策　　划：李梦霁
责任编辑：李梦霁
特约编辑：刘楚馨　陈力维　苗　苗
营　　销：吴　迪　赵闻恺
责任校对：刘　芹
责任印制：张　凯
出　　版：人民交通出版社股份有限公司
地　　址：（100011）北京市朝阳区安定门外外馆斜街3号
网　　址：http://www.ccpress.com.cn
销售电话：（010）59636983
总 经 销：北京有容书邦文化传媒有限公司
经　　销：各地新华书店
印　　刷：北京盛通印刷股份有限公司
开　　本：880 × 1230　1/32
印　　张：7.25
字　　数：130千
版　　次：2019年7月　第1版
印　　次：2021年5月　第4次印刷
书　　号：ISBN 978-7-114-15529-1
定　　价：42.00元

自序 我的30岁：逆风优雅

《奇葩说》里有一期的话题是“30岁时应该追求梦想，还是稳定工作”。这的确是一个值得玩味的话题。在许多人眼中，三十而立，30岁的女人，不就应该是什么都“稳定”下来的吗？稳定的工作、稳定的恋情或家庭以及每天几乎毫无波澜的生活模式……现世安稳，稳稳当当。

然而，我的30岁却恰恰相反。这一年，诸多变化颠覆了我原本的生活状态。研究生毕业，结束了多年的恋情，重返职场，创业……

对我而言，无论内在与外在，30岁都像是一个变革期。我相信命运在此之前，已为我做好种种铺垫。我的原生家庭、所受的教育、看过的书、行过的路、爱过的人，塑造了我的性格和观念，它们让我在面临某些选择时可以做出正确的决定。

人的一生很长，关键之处往往只有几个节点。人生的关键节点，就像道路分岔口，不同的选择，使我们踏上不同的路途，而这些不同的路途，又影响我们做出新的选择。

每一次发生变革，看似意外，却都在情理之中。

不要让境遇决定了我们，而是要面对它们，我们所做的每个选择，决定了我们是谁，将去向何方。

自律是一种选择，也是一种决定，当你决定开始自律时，你的人生也会从此不同。

人们常说，30岁时是女孩和女人的并存体，可爱又性感——脸上尚有一些稚气，眼神里却多了些许故事。女孩到了30岁，仿佛一夕之间走向成熟，恍然意识到，原来你曾经看到过、听到过的那些道理都是正确的。

智者归纳的人生哲理，年轻人往往要自己经历过，才会品味到个中深意。那些一针见血的话，正是从我们经历的错处与疼痛中得来的睿智与务实。

而我的前29年，沉淀的深刻感悟，便是“自律”二字。

生活需要自律力，职场、爱情、家庭……方方面面，唯有自律，终得自由。如果你想过自己想要的生活，自律是你一定要坚持锤炼的心性。放纵可以带来短暂的快感，但人生终究是一场马拉松，短暂不能持久，而自律带给你的喜悦与成就，经历岁月，历久弥香。

行走在人生路上，或许最重要的不是终点，而是沿途的风景本身。路过即满足，然后继续走。那些风景无法分享，只属于自己，不论是美好的，还是糟糕的。

这也是成年人的世界，无奈、遗憾、不完满，人生本就如此。

而我，只想给你提供一个看风景的角度。如果你相信自律的力量，或许能走得更轻松，看得到更多美好的风景。

我们生活在一个科技、经济迅速发展的时代，电商、共享经济、AI（人工智能）、VR（虚拟现实）、区块链等高新科技改变了原有的生活方式。从前，一份工作做几十年，现在跳槽是家常便饭，人人都是斜杠青年。工作日的咖啡厅俨然变成联合办公空间，空气中飘荡着“模式”“赛道”“抛弃同龄人”一类的高谈阔论，张口就是“几个亿的生意”。

信息全球化，人们接收的资讯越来越多元。我们对人对事的接纳程度越来越高，大环境在变，新的观念冲击着传统的观念，与我们已有的观念相互碰撞，又催生出更新的观念。在出新不断的时代，我们到底要过一个传统意义上的美好人生，还是过一个“我心里想过”的人生？

他人眼里的幸福稳定和自己内心的喜悦坚守，哪一个更重要？

一切选择，终究要归于自己。

我的30岁面对的就是如此多元、如此多变的世界，脑海中的想象，现实中的世界，整日碰撞、冲刷、洗礼着我。

我依然相信自律、坚持自律，按时起居、保持身材、节制感情。

我的日子算不上世人眼中的“稳定”，也有很多负面的声音，但是尽管逆风，却依然优雅。

叶子都是有记忆的，串成一段故事，说给路过的风听。

同样，阔别文坛5年，我想把一路走来的心情和感悟，说给你们听。

目录

培养自律

——优秀源于自我管理

运用自律

——你有多自律，就有多自由

精进人生

——打造你的优质人脉圈

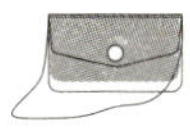

完美逆袭

——你如何过一天，就如何过一生

后记

自律的你，要爱，要美，要开挂！

培养自律

——优秀源于自我管理

凡事有交代，件件有着落，事事有回音

Gina是1982年出生的双鱼座女孩，出过一本关于“梦想”的书。Gina的特点是每时每刻都有许多天花乱坠的点子，勤劳地周旋于许多潜在的合作伙伴之中，跟大家谈项目、谈合作……但永远只停留在“谈”上。从A那里了解到某个项目，想参与，因为本钱不够，便找来B合作；再拿从C那里了解到的项目，去找D合作……什么项目都想做，可哪个都没有后续。

《原则》一书中有这样一句话：“明智的人在经历各种沉浮时都始终盯紧稳健的基本面；而轻浮的人跟着感觉走，做出情绪化的反应，对于热门的东西一拥而上，不热的时候又马上放弃。”这本书被比尔·盖茨称为“非常宝贵的指导和忠告”，作者是华尔街投资大神、对冲基金公司桥水创始

人——瑞·达利欧。

Gina有一点是很值得夸赞的，就是愿意介绍她的不同“合作方”相互认识。正因如此，她三个不同项目的合伙人才有了信息互换的机会。一位合伙人投了几十万元在她虚无缥缈的概念创业里，谈起她时评价说——“执行力很差”。我称她为“梦想家”，就是永远停留在做梦的阶段，不懂得快点醒来去实现，归根结底还是——不靠谱。

其实事情本身是没错的，资源整合也是大家常用的方式。我一位朋友狮子座S说过：“很多事情本身是没错的，也是可以做成的。‘人’才会把事情做错，‘人’才会让本来可以做成的事情做不成。”不靠谱的人，常会把资源乱炖一气，不懂善加利用，以致浪费。

Gina不明白，为什么她电话里找我谈的项目，我没有去联系我的朋友加入。我告诉她原因：“你想成功的心我理解，可是你的点铺得太多了。点多不算坏事，但是你根本无暇顾及那么多事，到目前为止哪样都没有往你的预期发展。专注才能精致，才能成事。什么都想做，可什么都没真正去落实。你来找我谈的每一个项目都空口白话，资料文件一概没有，我哪里敢推荐给我的朋友。人不能因为自己的不靠谱消耗人脉，更不能因为别人的不靠谱消耗自己的人脉。”

再举一个实例，这之前先讲一个寓言故事——《猫头鹰搬家》。

斑鸠飞过猫头鹰家的时候，发现猫头鹰正在收拾东西，它便落下来，问：“猫头鹰大哥，您这是在干什么啊？”

“我打算搬家。”猫头鹰头也不抬地说。

斑鸠接着问：“那您打算搬到哪儿去啊？”

猫头鹰说：“我打算搬到东乡去。”

斑鸠说：“这么多年来您一直住在西乡，怎么突然要搬到东乡去呢？”

猫头鹰说：“西乡的人都很讨厌我的叫声，我没法住下去了。”

斑鸠说：“猫头鹰大哥，在我看来，您把叫声改得好听一点或者别在夜里叫就好。不然，不要说搬到东乡，搬到哪儿都没有人会喜欢您的叫声。”

下面实例中的这一位，就是现实中的“猫头鹰”，在一个项目中被人发现不靠谱，就换一个城市、换一拨人、换一个项目，继续不靠谱。记得他来找我谈合作，初步了解并且实地考察后， 我发现项目本身是个好项目，然而共同圈子里的人对他本人褒贬不一，让我始终悬着颗心。

对他我有许多疑问，有疑问会如何？当然谨慎，会设立诸多合作前提、条件、背书，才愿意进行下一步。这个谈判进行了两个月，从最初的合作模式到谈定的合作模式，对我来说是谈得越来越好，最后达成我心里的“conditionally yes”（有限制的同意）。这是，在同意和不同意之间的一种态度，即在满足某些条件的前提下我才是同意的。

谈判过程是场拉锯战，信任建立是根基。当我将合作协议搁置时，他表示因我对他缺乏信任而很生气。我回答：“信任不是别人无条件给你的，信任是互相的。”因为我们是在建立合作关系。后来我分析，他的生气一方面是焦急地想拉我下水；另一方面是虚张声势，企图推我下水。

以为在人和人之间投机倒把的行为是聪明，其实只是小聪明，一旦被发现，砸掉的是自己的口碑，重头来过的资本都会赔掉。千万别小看别人的智商，他们看捉襟见肘的你如小丑一般四处跳跃时，虽对你有些怜惜，但也会觉得都是你自找的。到最后，落得身边无一人留下，更何谈“人脉”二字。口碑的传播远比想象中迅猛得多，Gina和这位“猫头鹰”就已经从各自的人脉中消失了。不靠谱的人能影响到的，恰恰是那些相信他的人，靠谱是信用，是合作成功的通道。

国际“信任”课题研究的权威之一、日本学者山岸俊男说过：安心是指“对利益分享的评价”，即对利益与风险整体的评估；信任则是“分享心意的评价”，不只是利益，还有心理上的共鸣，在不确定的情况下仍然安心。

不靠谱的人，多难再建信任，新关系的建立需要更多的时间、精力、金钱、关联人脉的投入，而耽误的时间、错过的机会可能就是最大的损失，这就是信任成本。

做事没有闭环，不落地，或有始无终，称不靠谱。沟通没有闭环，有些人，你问他问题从来得不到及时回应，甚至你不追到他眼前就永远没有回应，也没有交代，也是不靠谱。做人，有来无往，有允诺无兑现，非常不靠谱。轻诺必寡信，失信不立，终归会反映在结局里。

那位“猫头鹰”就有这个特点——夸张许诺。不到最后绝不松口，咬定：“我能搞定，你们别管，交给我。”结果自然是每条保证都没有做到。我不解：为什么承诺对他而言如此廉价，他难道不担心承诺兑现不了、火烧眉毛吗？有一位看客是这么说的：“那就是赌徒心态，不到死的那一刻都觉得会有奇迹发生，让他侥幸混过去。而且，那种人若是赌赢了，他就逃过一劫，赌输了，大不了要赖。”

看到这里，相信你们可能会和我有一样的感慨：“为什么好不容易在一个新地方拿到新机会，不靠谱一点，踏实去做呢？为什么又要断光一批那么好的人脉呢？”没办法，这就是某些人的特质。其实无论是Gina还是这位“猫头鹰”，也许本心并不坏，并非有意害人，可“听过很多道理，依然过不好这一生”的原因就在于那就是他的特质，而且他改不掉。就像猫头鹰，难听的叫声是它的设定，它改不掉。

一个人的成就与他的特性有关。反推过来，你如果了解他，也就不难理解为什么脑子转得那么快的人，年近40岁却只有那样惨淡的成就。要知道，假设每个盘子都握不持久，好楼总是烂尾，不要怀疑，那一定是人的问题。本身拥有聪明的脑袋，但总把每一副好牌打烂的人，不能算是真正的聪明。

前期评估某个项目的时候，我对信息掌握不够全面，觉得摆在我面前的盘子明面上没问题，而且我可以从机制上防控隐患，但总觉得不踏实。为什么看似风平浪静的湖面，常让人感受到暗流涌动？拿我个人来说，有时对各种因素分析来分析去，结果未必正确，直觉反倒一直惊人的正确。现在想来，一个人的直觉其实蕴含了他过往所受的教育、经历、经验，已经融入其内心的好恶和感受，而好恶和感受一类情感层面的权重常被太过理性的分析忽略掉。

当时狮子座S对我说："你不要着急决定。Be honest to your own feelings（诚实对待你的感觉）。"于是，我沉静三天，去旅行，不再受周遭讯息或者声音的催促与影响。

回忆过去的一些人生选择，有几次经历，我是“走到了哪里就觉得到了哪里，遇到了什么就觉得遇到了什么”，却忘记排除外界纷扰，去设计自己真正要做的事。那不也是我的性格特点吗？所以我才有那些确实没有带给我快乐的经历。如果我想改变，那就该从相似的经历中悟出错误，学到经验。

一语惊醒梦中人，我是很感激狮子座S的。然后我要做的，就是在今后做抉择时冷静、反思、觉醒和修正。

“拨乱反正”是一个技术活，心灵上的也是。归根结底，是一场对智商的补救。

我认识一些商界前辈，他们共同的特点是：见多识广，人脉广泛，口才不错，滔滔不绝。他们具有很强的分析能力，能够在短时间内做出战略规划，然而企划案很多，落地的很少，真正做起来的几乎没有。罗马不是一天建成的，一口气吃不成一个胖子，什么都想吃，只会让思路先臃肿而已。每个项目的想法都是超前的，然而竞争对手从无到有都已经生出一大片了，他却还是没有组起自己的局。这不是“鹬蚌相争，渔翁得利”，而是人家已在舞台上较量，而你还没站上去。

作为晚辈，我不便直言其中的问题，但，如果每个项目都是“只欠东风”的话，那本身就暴露出了最大的问题。有些前辈甚至说：“这事要有钱才能做，我需要有人多多少少投一点才能开展。”但是，如果你需要钱才能解决问题，没有钱就干等，那解决问题的是钱，而不是你。这是不是“换个人也能做”的意思？

“Think big, Act small.（大处着眼，小处着手）。”我由衷同意这句话，并且时常提醒自己——眼观全局，但事业要找一个口子，凝心聚力地好好做起来。这句话也可翻译成“眼高手低”，换个角度解释，眼高手低其实没错——仰望星空，脚踏实地。

有位北京大学本科、人民大学硕士毕业的创业者朋友说过一句特别有意思的话：“当初我想拯救全世界，后来有人告诉我，如果我继续这么做下去，那么全世界都救不了我。”

去年和一位朋友看了部电影，是我心目中的该年最佳，叫《看不见的客人》，悬疑剧。百度上的剧情简介是这样的：“艾德里安是一名事业蒸蒸日上的企业家，家中有美丽贤惠的妻子和活泼可爱的女儿，事业家庭双丰收的他是旁人羡慕的对象。然而，野心勃勃的艾德里安并未珍惜眼前来之不易的生活，一直以来，他和一位名叫劳拉的女摄影师保持着肉体关系。某日幽会过后，两人驱车离开别墅，却在路上发生了车祸，为了掩盖事件的真相，两人决定将在车祸中死去的青年丹尼尔连同他的车一起沉入湖底。”

在电影看到一半的时候，我就对朋友说：“不可能，那个女的不会是凶手，一定是那个男的。”朋友半信半疑，因为当时剧情所有指向都是女摄影师是凶手，并且过不了心里那关，最后自杀。最后，电影结尾，证明我是对的。朋友问：“你怎么知道的？”我回答：“性格逻辑。一个是事业上取得如此成就的企业家，一个是摄影师，在面对意外杀人时，假如颤抖不止的是企业家，镇定自若处理尸体的是摄影师，这压根不符合性格规律。”

之前有朋友把一篇帖子转到“深刻群”（这个微信群我

在后面章节中会介绍），是一个人写的他自己的人生过往，并点明他人到中年一事无成。群里有位学者看完是这么评价的："全篇啰里啰唆，主题含糊。可以推测他行事做人也是如此，不犀利，不干脆，沉闷。没有起伏，没有铺垫，没有处心竭虑蛰伏后精心一跃的高潮，他在文章里只是一味给自己的人生定义为无趣。不想想他这么多年基本上是被推着走的。推着走，岂不是行尸走肉？依附性人格的悲剧。"这就是性格决定命运。前两天看到一句话，觉得特别好："你的潜意识指引着你的人生，而你称其为命运。"

对这篇帖子，群里其他人纷纷表达各自的观点：

"人生世上走一遭，怎么也得带点儿响呀！"

"英雄主义不以成败论之，不以好坏论之。失败的是末路英雄，坏人是枭雄。"

可见，什么头脑，决定什么位置。

受电影《无问西东》的感染，我在"深刻群"里说道："咱们这个群，应该出现几个能够被历史记载的人，成为具有历史意义的群，我们应该往这个方向前进，可以的。"

我们不会明白用自己的时间去关注明星的绯闻八卦、别人的家长里短有什么价值。那些被关注过并被历史所记载的人，无不有更高的追求，他们专注于自己的生活与理想，可总被人津津有味地专注于评论他们的生活，不过转念一想，其实这才正常，这不就是人与人的区别吗？Great minds discuss ideas, average minds discuss events, small minds discuss people. 意即崇高的思想谈论理想，一般的思想谈论生活，狭隘的思想只会说人是非。追星族与真正明星的区别就在这里。看过一个更好的翻译：大智论道，中智论事，小智论人。——Eleanor Roosevelt（安娜·埃莉诺·罗斯福）

德国哲学家席勒说：命运不是发生在我们身上的事，而是我们自身的一个组成部分，命运是我们如何运用洞悉力和爱的规律对事件做出反应。

以人为镜，可以少走好多弯路。《生活需要断舍离》中说“找个偶像，超过她”，这是镜子的正面。追求进步的人，也要珍惜吸取镜子的另一面，不要蹉跎了大好时光。

一位朋友，复旦大学硕士，在创业大潮中被浪推倒，两年间一直在垂死挣扎……我不定时会约他吃饭，每次见面第一句话："还活着呢。"我们经常如此互相调侃，他知道我没恶意，是希望他能翻身。他的很多朋友现在都是行业里的佼佼者，见他的状态也总是惋惜，都劝他尝试其他方面，或者他们公司有职缺，问他要不要去上班。而他总是感谢大家的好意，然后婉拒。与那些不知道问题所在而不去做的人不同，他什么都明白，有一次还对我说过这样经典的话："所有的捷径都建立在认真的基础之上。有一个故事，曾有一个人落水了，一艘船过来，他不上，说要等上帝来救。又一艘船经过，他还是不上，他说要等上帝来救，终于他死了，见到上帝，质问：'你为什么不来救我？'上帝说：'我已经派两艘船去救你了。'现在觉得，我就是那个人。我想打造什么就能成，所以，我不能让自己再站在45度角的悬崖上，明年要拼一场。"我想他也许在努力，可几个月后还是那个状态……我知道，他放不下身段，放不下骄傲，他宁愿过得辛苦。

后来我跟他开玩笑："你是我的警示范例，记得曾经看过一句话，创业路上有时风景差得想让人飙脏话，但创业者在意的是远方。若是将来在创业途中我不幸遇到大波折，我也得提醒自己——为了远方，沉下身去，盘腿练功，厚着脸皮接受朋友们给我输入的资源，重整旗鼓，实际行动起来。因为只有翻身，才是真正的骄傲，也才是回馈贵人们的最好方式。”他一直很欣赏我的表达，毒舌也一针见血，希望过不了多久，能见识他的重生。

“一个人的气质里，藏着他读过的书、走过的路和爱过的人。”把这句话变得更宽阔一点——一个人的人生经验，来自读过的书、走过的路和遇见过的人。经历过的，成功与失败，都是镜子，让我们在拼拼凑凑中找到自己。

那些出人头地，都源于自律

如果我来，是和别人做一样的事情，那我和别人还有什么区别?

自律的前提是，知道自己要什么。

我此番赴法留学的几大目的之一是找一个商业点子，没想到老天附赠给了我一份极佳的礼物——一位优秀而契合的搭档。我找到她的时候说："如果我们来巴黎只做交换生，也只是上课、旅游、聚会，过半年回去，而不做点什么，那我们和别人还有什么区别?"就是这句话，打动了她。

这要从一次去西班牙的旅行说起。当时同行的有三个女生，艺丹、玫和我，其实我的加入是个偶然，她们早已做好了所有的规划。临行前一个星期，她们课间聊天时说起大家的旅行计划，问我想不想一起，我正好还没去过西班牙，又懒得自己做攻略，便欣然加入。

我们先是一起去了巴塞罗那，都说那是最不像西班牙的地方，却是西班牙我最喜欢的一个地方。领略高迪设计的建筑——米拉之家、巴特罗之家，在毕加索博物馆赏画，在兰布拉大道、Verdi步行街迈着轻快的脚步，呼吸着、感受着仿佛被艺术渗透过的空气，以及像极了电影里的阳光海岸、慢调生活，人们躺在沙滩上，享受着日光浴……

然后我们去了塞维利亚，吃着冰激凌，看着教堂附近广场上的街头艺人跳Flamenco（弗朗明哥舞）。夜晚进入一家小酒馆，内饰古朴，斑驳的白墙边靠着一台立式钢琴。酒馆里的舞蹈表演还没开始，艺丹在钢琴前坐下，为我和玫弹了一曲《虫儿飞》。壁炉、音乐、友谊……那感觉，很特别。

看完演出，一位独自旅行的女同学加入了我们的小酌。她下午才到塞维利亚。街边的咖啡厅情调都不错，我们四个点了瓶Sangria（桑格利亚汽酒，算是西班牙的国酒），边喝边聊——八卦。当然不是别人的八卦，而是各自的生活。这种聊天形式会减少心理设防，触发分享的欲望。新加入的女生显然“透露”了她自己太多的私事，这表明她是一位很期待“收集大家目光”的人，也表明她其实是个单纯的人。

之后又到了马德里。在那里，我第一次遭遇了如此明目张胆的扒手。我和艺丹在前面边聊边走，突然我的挎包像被什么东西拉扯了下，我以为是挎包没扣好，想让走在后面的玫再帮我扣好。刚转头，看到的居然是三个外国女人，身材很高大，举止似“太妹”。我转身的一刹那，其中一个的手还在我挎包里。我与她尴尬地对视了一秒，说：“先别走，让我检查一下。”看见护照和银行卡还在，我舒了一口气（幸好当时刚到马德里，还没去ATM机取现金），然后笑着对她们说：“我很庆幸，我没钱。”三个外国女人听罢掉头走开了，也许是知道我正看着她们的背影，走了几步后她们转身对我比了个中指……

那次旅行就是三个小女生一起异国旅行，是非常难得的体验，应该说我之前的人生好像还没有过那样的体验。三个人从不熟悉到熟悉，从一开始的陌生到后来的相互信任，10天的旅行虽然短，但感情升温快速。记得当时我们要从塞维利亚到马德里的时候，原本订的车临时被取消，实在是订不到票了，最终选择用BlaBlaCar。艺丹真的是一个大胆的北京姑娘，她的口头禅就是“没事儿”，她一说“没事儿”就让我安心。当时来载我们的司机一路上都在跟我们聊他去过哪些国家的妓院，分别是什么价钱，听得我们有点瘆得慌，尤其是车程那么长。不过他其实真的只是爱聊天，也真的只是坦率地在聊他喜欢的话题而已，没更多的意思。我们三个人轮流坐副驾驶，陪他聊天，避免他因长途驾驶而疲劳瞌睡，另外两个人也可以在后座稍微睡一会儿。最后我们安全到达了马德里，下车后，我觉得这个体验也不错。

住在马德里的晚上，我和艺丹同一张床，开始了传说中“女孩们的夜聊”。她在美国常青藤联盟中的Cornell University读人力资源硕士，出国前长居北京，一口浓浓的京腔儿，过去在一家国企做HR。她是个有梦想并且敢追梦的人，就拿她赴美读研来说，准备学校申请材料的时候，她刚生完孩子。那段时间，她要边照顾小孩边备考GMAT（经企管理研究生入学考试），真不是常人能坚持的。我一直称她为“超级妈妈”。那晚卧谈，我问她以后如何打算，她回答：“那我以后肯定是要自己干的。”

下一站是里斯本。从马德里到里斯本，我是后来才订的票，无法与艺丹和玫同一班飞机，她们清晨7点就出发，我是晚上出发，我因此多出了大半天一个人的时光。在马德里也玩得差不多了，于是临时起意，自己坐了火车，去往距离马德里45分钟车程的一个小镇，叫Toledo。

Toledo镇很小，一个人漫步在各条小巷，不到半天时间，已来来回回走了三圈，镇上的人淳朴且友好。其实往往大的城市，如马德里、里斯本或是巴黎这样的游客集中区，治安并不那么好，但像这种游客和外来移民并不多的小镇却还保留着当地原本的味道。突如其来的雨滴从Toledo镇的上空落下，落在我的头上。我无暇找地方躲雨，思绪随着雨水的节奏越发忙碌，我思考着我的情感、学业和职业规划。眼看留学的时间已经过了1/3，可是我的商业灵感还毫无头绪。

此时，一滴雨正好落在我的额头，顺着脸往下流。它像是带着某种神奇的力量开启了我的灵感，我突然想到，这两年泛娱乐、泛内容好像很火。记得前几天在巴塞罗那、塞维利亚和马德里旅行时，不同批次来西班牙的女生总会在某一个街边的餐厅会合，吃着当地美食、喝着红酒、聊八卦（这里的八卦，区别于论人是非。有句我喜欢的话与大家分享：

静坐常思己过，闲谈莫论人非。）我发现，聊八卦真的是女人们聚在一起最有效的放松方式，比如通过给一些明星的颜值打分，判断我们哪些人的审美比较一致，比如交流对一些事情的观念和做法……连像我这样平时不热衷八卦的人，居然也觉得当自身有糟心事情的时候，喝酒听八卦可以让人把思绪的焦点从自己身上移开，短暂地忘记烦恼——这大概就是娱乐精神吧。但在这一过程中，我确实主要扮演“问”和“听”的角色，可能是太过保护自己，对别人的事其实从根本上并不关心的缘故，八卦除了当下使我从真实的、与我密切相关的世界中脱离出来，达到放松的目的外，真没有什么其他作用，听过，就到我这里为止了。所以，推己及彼，八卦就是内容经济的一棵常青树，人们或光明或暗地里看着八卦、听着八卦、聊着八卦。其实消费八卦也是泛娱乐的一种。现在许多真人秀节目那么受欢迎，正是因为普通人喜欢看到明星们接地气的一面，所以，我为什么不召集一批名校的高学历女生坐在巴黎街头喝着下午茶直播聊八卦呢？

有了想法，还需要团队，我脑海中蹦出了一个人：艺丹，以及她那“那我以后肯定是要自己干的”笃定语气。想到我们俩迥异的口音（一个上海混合了台湾的嗲声嗲气，一个翘舌音、后鼻音明显的京片子）以及不同程度和形式的毒舌，邀请她加入这个念头让我兴奋不已，顿时感觉Toledo镇的雨都下得那么轻盈。

晚上，我在里斯本和艺丹及玫会合，跟她说了我的想法。她听后的原话是："你不该让感情的小事困扰你，你既能做幕前又能做幕后，无论是创意、决策力还是执行力都没话说，完全可以干一番大事业。"想不到她对我也欣赏已久。她总是这样，干干脆脆的话语，每每给我底气。其实遇到她之前，我和很多人一样，知道自己适合创业，但一想到真的要独立面对漫长创业路上的辛酸苦辣，还是勇气不足。这点，是很多喊着要创业的人的通病。

我有一位女性朋友，曾担任一家外企事业群的总经理，后来跳槽到朋友手下管理一个项目。她那朋友属于"索取型"人格，付的工资是友情价，让她处理事情的繁杂和细碎程度可以说是"绝情"。这样的合作自然不长久，半年以后她裸辞，考虑到年纪和自我期待，觉得上班不适合她，便决定创业。几个月以后，我再见她，问她进展如何，她说还不确定要做什么，有人联系她想让她在上海建立俱乐部，也有人联系她想让她推广一种健康黑米……一次，她来办公室找我，我拉她坐下，坦率地跟她说："不要为了创业而创业。首先要知道自己适合什么，你有很多钱可以去帮别人打品牌吗？如果没有，先把那几个让你去推销分红的项目排除掉。黑米是食品，你从未涉及过食品业，连铺渠道你都无从下手。如果你有充分的心态创业，我不拦你，如果没有，就算我不拦你，你也踏不出真正开展的那一步。你想用最少的投入创造一番自己的事业，谁不想啊？一个月前和Belinda姐的那个饭局，我是特地把你叫上。她想办一个雅学院，收入来自文化类活动，这一符合你的气质，二几乎不需要你投入什么资金，三变现很及时，而且你的试错成本很小，积累的资源和经验也会变成你自己的。按理来说，饭局中的这些人都有自己的盘子，可想创业的是你啊。当一个合适的、具备基础展开条件的、合伙人靠谱的项目出现，大家又都愿意从自己的盘子里实实在在地分出东西支持你，你应该主动担起来才是。结果Belinda姐后来跟你联系，你都没怎么理她，那条线你便掉了。如果一直只是停留在想创业这个念头上，很快一年就过去了……"我能说这番话，是因为我知道那种状态，从想要创业，到真正开始创业，是0到1的跨步，要克服某些内心深处的"不独立"，要做好策略规划、切入顺序、团队建设、业务拓展、思考并沟通几百个执行细节，克服许许多多的困难……着实不容易。“创业”两个字根本不像新闻报道中如同雪花般飘来的融资讯息那般容易，太多人把这项工程想得太简单了，于是有了“我今天上班不爽，明天要开始创业了”的幼稚想法和宣言。

毛姆的《月亮与六便士》里有句话：“只有诗人同圣徒才会坚信，在沥青路面上辛勤浇水会培植出百合花来。”这在某种程度上道出了创业者的坚定与执着。

如果没有艺丹，没有携手共进的信心，我心里的踏实感会弱很多。尽管后来我们因想实现的目标不同，选择了各自喜欢的项目创业，但谁能说清未来的事呢，也许机缘又会让我们走到一起。

我们继续着在里斯本的行程，不同的是，我们多了个话题：视频项目，要不要干？

前一天在一家餐厅被“宰”——点菜时店员用不清晰的口音故意让我们将“70欧”听成“17欧”——买单时才发

觉，但这依然没有影响我们玩耍的愉悦心情。第二天，太阳挤走了低压压的乌云，阳光洒下，给里斯本大大加分。广场上弹着琴的老人浅吟低唱，充满磁性的嗓音让人心旷神怡，一下子把人带入了景色中。

在亚欧大陆最西边的小镇Sintra，我们三人坐着马车，可爱的驾车老先生年轻时肯定是个特别浪漫的小伙，他突然下马，到路边摘了三朵小花送给我们，这种小惊喜很纯粹，竟然让我想流泪。我们回想起自己青春里的故事，唱起那些我们青春里的歌，真的好开心。

艺丹和玫回巴黎以后，我一个人去了趟里斯本的老城区，感受了一下错落有致的建筑以及大西洋的风。相信，到了巴黎的艺丹和还在里斯本的我，脑中仍然在考虑同一个问题：视频项目，要不要干？

我回了巴黎，第二天上课时遇见艺丹，她说："让我思考几天。我突破不了要面对镜头这一关，我喜欢幕后。"我们在巴黎庆祝完她的生日，当天晚上，她回复我："好的。但我们把视频内容改一下吧，变成采访好吗？因为我一年多前就有想要采访外国人的想法，没准儿可以把我们俩的思路整合到一起。”我说好。她问：“但是采访什么主题呢？”我说：“采访中国人感兴趣的、困扰着中国年轻人的话题吧，比如结婚要不要买房、比如留学到底能收获什么、比如老板傻要不要告诉他、比如时间观念……从生活、爱情、职场、社会等各个方面听听各国高学历老外的看法，没准儿能给国内年轻人提供不同的观念，带去多元的思考。文化冲突、文化传播，就算这项目最后无法转换成商业，项目本身也是有意义的。至于采访谁，我们有现成资源啊！ESCP-Europe以国际化为特色，有那么多交换生，他们从世界各地的名校汇聚而来，是各自国家高校里的意见领袖，采访他们再好不过。而且如果不是同学，别人要聚集这样一批人，颜值还都那么高，可不是容易的。”与艺丹合作这件事算是定了下来。

艺丹的专业是人力资源，习惯在幕后，不难想象让她突然跑到镜头前大聊八卦会让她多么不自在。我的专业是MBA工商管理，主攻品牌、策略、营销方向，所以我们的分工也各有侧重。我和她其实属于各显其能，优势互补。艺丹虽然本身不是个爱抛头露面的人，但在直播过程中，也终于过了她心里的那一关，面对镜头竟然还能发表对“精神、肉体，哪种出轨更难以接受”这种话题的观点。

她说我打动她的是两句话，一句是：“如果我们来巴黎只做交换生，也只是上课、旅游、聚会，过半年回去，而不做点什么，那我们和别人还有什么区别?”另一句就是：“即使年纪大了，有梦想还是要去追，因为它就像鱼刺卡在喉咙，没办法忽视。”

决定做视频项目后，对于后续工作，我们可是争分夺秒。用英文拟好所有的采访问题，用E-mail提前发给外国同学们以示邀请的诚意。向学校、同学、朋友先后借了三台录影设备，和大家约定采访时间……但是，做这些事的同时，我们还不能耽误任何一堂课，相当于把课余的时间都填满了。

忙碌的过程中，越来越多的同学知道了我们这个项目，会好奇是怎么回事，也会关心进度。欣喜的是，在采访进程走了大概一半的时候，一位优秀的90后女生加入了我们，她就是在美国留学7年，热情、豪爽的北京姑娘Lois。她是从University of Wisconsin-Madison（美国威斯康星大学麦迪逊分校）来巴黎的交换生，主修市场营销和国际贸易，辅修法语。我到ESCP（欧洲高等商学院）后，身边的同学好多都是90后，他们的优秀真是让我由衷地佩服，Lois更是其中的佼佼者，无论是智商还是情商。可能是因为从小一个人在美国生活，需要较早独立、融入当地的生活和文化之中，这对她的人格塑造不无作用，加上她是个对自己有要求的女生，有自己的思想和处世准则，而且努力。整个《巴黎吧哩之老外奇葩说》（我们的创业项目，以下简称《巴黎吧哩》）视频的后期剪辑、制作及特效，基本都由她一人完成。好多90后，真的不像大家以为的那样，是外强中干的“草莓族”。相反，他们很聪明，知道自己想要什么，对于喜欢的事情，他们是非常刻苦和努力的。比如Lois，多少个夜晚都是熬到凌晨四五点钟也要把视频做完。虽然辛苦，但一起奋战做一件有意义的事情，她觉得值得。再比如我弟弟Achilles，《巴黎吧哩》的字幕是他在艺丹翻译完以后逐句添加到视频中的。他在韩国庆熙大学留学，主攻国际经济，除了忙于本身学业外，他还主动跟家人说：“你们不用给我生活费，我自己可以赚。”有时视频中的韩国男生英文不好，采访都以韩文完成，由Achilles翻译。

一个半月的时间，我们的身影在ESCP环绕着浓浓的法式建筑风情的校园里穿梭着，采访了来自20几个国家的30位外国人，完成了这几乎是不可能完成的任务。有个德国男生叫我“Amazing TongTong”，在采访他时，他还带了德国和中国国旗拼图，以示友谊。种种细节让人暖心。

之后，要录我和艺丹的“言艺talk”，作为对每一个话题的一个小结。我们对于场景的选择颇伤脑筋，室外太嘈杂，无法达到很好的收音效果，又找不到有魅力的室内环境。直到艺丹在香榭丽舍大街附近找到了一套法式风格的中产风格公寓，被我们一眼相中，就是它了。我们订了两个晚上，从早录到晚，睡一觉，再从早录到晚……终于，超高效地录完了全部20期视频的“言艺talk”。片尾的花絮，我们在一个阳光明媚的下午，在埃菲尔铁塔前的草地上拍摄完成，可以说是很“法国”了。

所以，《巴黎吧哩》团队不止四位，那30位外国人每位平均花费了一个小时的时间友情受访，也应属于我们团队的一部分。团队的好处，就是很累很累的时候，看到大家斗志昂扬，自己也会充满斗志，继续鞭策自己来一场和时间的赛跑。说到这里，我真的很庆幸来欧洲留学，首先这本就是一所优秀的学府，自然地，它也吸引了世界各地同样优秀的名校学生来交换学习，我才能认识像艺丹、Lois这样优秀的同学。而那些高颜值、高智商的精英老外携带着不同的文化和教育背景，面对同一个话题给出观点，无疑是给大家提供了多方位的思考角度。《巴黎吧哩》是一档年轻人的节目，视频的风格活泼、犀利、辛辣，但又不乏深刻的知识与感悟。字幕的风格多用潮流的语言，也很接地气。就这样，一场关于《巴黎吧哩》的缘分让我们的法国留学时光充满了不寻常的回忆和意义。学校得知后，还发E-mail鼓励了我们，在我们之前，没有交换生做过类似的事。

幸福感来自，我们有情怀以及实现情怀的心愿。动力来自，不断实现情怀的能力和志同道合的伙伴，而我，希望至少做一名内心有追求的作家和文化传播者。

知道自己要什么，思考怎样做，然后专注且高执行力地去实现它，这就是自律的态度！

自律是管好你的嘴

每次打开QQ邮箱，登录页面的那句话一直能够吸引我的目光：“你说我是错的，那你最好证明你是对的。”原版来自迈克尔·杰克逊的一句歌词：You tell me I'm wrong. Then you'd better prove you're right.

我很幸运，自己拥有差异非常大的两类朋友，一类是朝气蓬勃的90后，另一类是40～70岁的年长者。这两类朋友的生活状态、社会地位和个人成就可谓截然不同，但我要说，虽然我欣赏他们的着眼点不一样，但我对他们的欣赏程度是一样的。

90后、00后在我眼里自信、大胆，有独立的思想，不按部就班、不喜欢俗套，很酷、很潇洒。他们对于需求的表达真的直白很多——你要什么你就说，你不说我怎么知道你想要什么呢？我想要什么我也会告诉你，所以你不必去猜我到底想要什么。

而年长的朋友们，见过许多人，遇到过许多事，经历过许多曲折。稳重、含蓄，对人对事有洞察力，对局面有把控能力。与他们对话，不能完全与90后们相同，直言不讳未必是最恰当的做法。

从这两类朋友身上，我都能领略他们不同的特点和优势，学到东西。这也是我肯定自己的一个方面，即接受不同，接受多元文化。我从不会认为哪一类人是标杆，或者可以成为一种绝对正确的标准。

90后、00后无所畏惧，更注重自己的感受：快不快乐。90后、00后的生活是不是我想要的？他们的一些习惯和做法是不是我认同的？现在的高离婚率可能在某种程度上反映了一种“觉醒”，用实际结果修正老一辈逼婚的错误。再比如一种消费观念：我喜欢的东西，就算不是奢侈品，只要我觉得酷，花费哪怕比购买奢侈品更多的钱，我也宁愿买心头好。

关于经验，我常咨询一些前辈，他们能理解我所不能理解的事，给出切实可行的建议。一位朋友这样说：“你不用特别钦佩我们，因为这些都是我们在犯过的错误中得到的血泪教训。很多东西的总结看似精准，实际上，那背后是我们所付出过的代价。”

我想，经验更多，大概就是前辈相较于年轻一代的财富。然而，经验都有用吗？都是解决困难的利器吗？并不是。对于不善变通、不懂审时度势的人来说，经验可能会导致固执，他们会因某种经验曾帮助他们成功，而认为那是好的。被誉为“华尔街教父”的本杰明•格雷厄姆说：“好主意带来的麻烦可能比坏主意还多。毕竟，人们会忘记，好主意也有局限。”“好经验”也是这样，因为时代不同，很多元素都变了。经验的“固执”还体现在“识人”上，看人第一眼，就觉得自己看穿了这个人的“前世今生”“九重人格”，用经验中的标准去判断新时代、“新物种”的优劣，必定不会客观！

电视剧《欢乐颂》里有这样一幕：安迪和奇点，事业有成的两个人，在房间里优越感满满地评论着他们的朋友，言语之间像是把自己当作了一个标杆，“有钱即有理”的价值观几乎溢出屏幕。穷朋友在这部电视剧里的作用就是烘托精英，他们什么事都搞不定，而这些精英三下五除二就解决了困扰别人工作和生活的难题，带着对“套路”的沾沾自喜，任意地干涉朋友们的交友、事业、家庭、观念……

影视剧内外，都有太多人喜欢站在自己的角度去评判别人。可是，你无法了解另一个人的全部故事，你看到的只是他呈现出来的一个角度。你怎么知道自己一定比别人更明智，一定能洞悉全局？没有人是上帝。你不了解别人的个性需求，你的情有独钟也许别人不中意，你以为的无足轻重，对别人而言可能至关重要。论风格，那是别人的风格；论人生，那是别人的人生，你无权干涉。

分享一个我的亲身经历。

我曾在某个项目的合作中，遇到一位创业老板，他过去是一家公司的高管之一。用他自己的话说，他以前性格比较急，脾气也不好，创业后，因为一些缘故开始吃素，也爱看一些关于佛理的文章。见到我第一眼，得知我来自上海，加上我的穿着打扮及谈吐都与其他台湾伙伴不同，于是他贴给我一个标签——“上海女人”。

比起台湾朋友，我的表达直接许多，少了客套地寒暄，在传统且年长者心中也许显得不够尊敬，于是他贴给我第二个标签——“不谦虚”。既然是标签，就意味着与该标签相应的形容词都会伴随而来：她一定很精明，一定得罪过很多人，大家都不太喜欢她，她没什么朋友……

有一次，他、我的搭档Wendy和我，在一家素食餐厅用餐。这家餐厅环境雅致，应该是古色古香中带着点宁静雅致，但实际上，全场却是弥漫着轰隆隆一片聊天声，几乎能十分清楚地听到邻座扯着嗓子在聊些什么。我们这桌大概是全场最小声的，我需要往前凑，把耳朵竖起来，才能听到创业老板跟我说的话。

他说："哎，你们说奇不奇怪，我们公司有个员工，原本个性很强悍，说话非常不客气，是个上海人，大家都不喜欢她，当然她自己是意识不到的。但现在你们一定想不到，通过参加公司组织的几场禅修，听听佛理、泡泡禅茶，她居然变了，待人处事变温和了，同事们也愿意和她交流了。所以，人确实是可以被感染的，只要我们公司坚持'温暖'的文化，传播'善'的理念，员工之间互相影响，所有人都会越变越好的。"

接着，他转头盯着我看。我回应："我觉得形式主义不是关键，关键是本质。"

回到住处，Wendy看着我，欲言又止，仿佛要提示我些什么。在我的追向下她才透露出原来是我没有领会到那位创业老板的好意："他在点你，你没听出来吗？"

“我怎么了？”

Wendy用她一贯温柔的口音说：“你们上海女人哦。”Wendy是台湾人，身体瘦弱、说话细声细气、常把“善”挂在嘴边，比我大7岁。她总是给我一种很矛盾的感觉，比如她对我说“钱不重要”，但择偶标准却是要找有钱人；比如她总是对客户表现出一副不经世事的无辜模样，但心思却很深。我尽量避免和她聊项目以外的话题，因为她太能说了，一开口能把“善”和自己的优点说上两小时。

我不禁笑出声来，然后继续发问：“上海女人怎么了？你对上海女人了解多少？他对上海女人了解多少？上海女人是一群人还是一个人？还是一个人可以代表一群人？”

Wendy被我问住了。

我继续说：“首先，他故事中的那位员工我不认识，不便于仅凭短短几句话就做评判。其次，不同的人有不同的为人处世风格，没有优劣之分。挂在嘴边的善叫善，没有说出来的就不是善吗？善、谦虚、低调，有没有标准？如果世间默认只有一种标准，就是你们认定的那一套，那我确实是不谦虚、不低调。你们常说自己在修行，个人愚见，我觉得还有一种修行叫作不在背后定论或者妄议他人。”

两个月后，我那部分的任务完成，便回了上海，Wendy

继续留在那里完成她的任务。

7个月后，我收到那位创业老板的一条短信："童童你好，抱歉打搅。请问你对Wendy了解吗？你走后，她对我们的项目不仅没有做出有价值的任何方案，而且团队交给她，她居然每天睡到中午才起来，让大家等她，还动不动给员工摆脸色，要大家哄着她……感觉我花巨款请了一尊菩萨回来供着。更可气的是，她居然以甲方不给钱为由，拒付设计师的费用，还偷偷买了机票打算溜走！这女人用心之险恶，对利益之贪婪，对别人之不负责任，完全无底线。C总一再给她机会，她却阳奉阴违，可气可恨。她没打算为我们做事，从头到尾就是行骗，连给设计师的费用都要吃差价……"

我很怕"标签"，也总是提醒自己，不要任性地给他人贴标签。这不但是对他人认知的偏颇，也是对自己做判断的局限，于人于己都不公平。

你说我是错的，那你最好证明你是对的。

在为人处世的态度方面，没有一定的标准，个中对错谁也无法定义。所以，我特别害怕那些把自己当作标准的人，动不动就站在道德的制高点去要求他人，这本身就不够善良，不够公平。

教导主任就该戴着黑框眼镜、手拿教鞭?

上海女人就一定精明算计，不好相处?

把佛经挂在嘴边的人一定心善?

我曾在微博上看到一句话，初读不以为意，细想顿觉鞭辟入里：现在人和人之间的矛盾，主要是来源于用圣人的标准衡量别人，用凡人的标准要求自己。

我之所以不在乎别人对我的看法，是因为别人看到的我不是真实的我，只是他眼里的我。螃蟹总觉得身边其他动物都是斜着走的，却不知道真正斜着走的，是自己。人所看到的外界，只不过反映了他的格局，天真的人看到世界都无邪，阴险的人看到别人都在耍诈，攀比的人看每个人都是虚荣的。

越长大，“别人眼中的我”越不重要，“我心里的我”越重要。

有句话这样讲：合理的人，让自己适应世界，不合理的人，坚持让世界适应自己。你可以谦虚低调，奉行中庸之道，那是你的自由；你要张扬、高调，爱听赞歌，那也是你的自由。但是，请不要拿你的自由来要求我，让我不自由。

自律的人，都善于管住自己的嘴，不会对任何人、任何事妄加评论。

自律是不麻烦别人

情谊，能让春天里的溪水唱起歌，能把大草原的辽阔装进怀里。情谊在善良人的心中。

有同类，不孤单。有朋友的地方，就是我的灵山。哪怕在摩天大楼里，也能感受到那首歌词的意境：“让我们红尘做伴活得潇潇洒洒，策马奔腾共享人世繁华，对酒当歌唱出心中喜悦，轰轰烈烈把握青春年华。”也如《西游记》中言：“念念回首处，即是灵山。”

懂人，懂事，懂规则。

懂事的人，渐渐成为朋友；不懂事的人，渐渐断了联系。

我不会因为有朋友是律师，就让人免费帮我拟协议；

不会因为有朋友是设计师，就让人免费帮我画设计图；不会因为有朋友要从哪里回国，就让人帮我空出行李箱，带需要费周折的东西；不会因为哪位朋友是名人，就情感绑架，让人帮我推荐或站台……就如同我反感以下类似的事一样：有位远亲对我爸妈说，“童童文笔好，能不能帮我儿子看看作文？”“童童英文好，能不能教我小孩练口语？”或者有些朋友对我说，“你是作家，能不能帮我的店写文案？”“你有品牌策略营销经验，能不能帮我改一下策划案？”所以，我奉行——不为难别人。归根结底，不为难别人也是不为难自己。

很多人说“亲兄弟明算账”伤感情，但现实中说这话的人往往是需要别人“付账”的那位，一旦你哪天需要他帮忙，他账算得比谁都清。当然，这并不是说朋友之间不该互帮互助，越是朋友，你越要珍惜对方的时间、智慧和付出。今天你需要，他帮了你，你懂得感恩，心里记着，下一次他有需要时，你也要不忘恩负义。也许他一辈子都不需要你的回报，但不把对方对你的情谊视作理所当然，这就是懂事。

对方能给予你的“便利”，比如专业知识，难道不是他自己花钱、花时间学习而来的吗？他花2年时间念了商科硕士，为什么一定要替你草拟计划书，不帮忙就落下个“了不起啊，这点小忙都不肯帮，算什么朋友”的负面指责？时间、资源和钱，总是有来有往，我不会占你便宜，你也别占我便宜，我珍视你的付出，我的付出你也别漠视。“人”字一撇一捺，就是相互关联的，相互付出才会牢固和长久。

其实我相信，我们更愿意帮助那些有能力、肯努力、正直、善良、美好、懂事、有责任感的人，他们知感恩，尽管我们不期待他们回报什么。比如有一天我被各种会议填满，坐在车后座赶往下一个会议地点的路上，一名大一学生发来微信告诉我，因为答应要给我的画在电脑里打不开了，得重画，为此她焦急得不得了。她这份以小见大的纯粹的责任心，让我突然有了些许的轻快和感动。晚上，她还在认认真真地重画，每画完一幅，就问我是否满意。我当下把全部稿费都打给了她，并安慰她说：“别着急、别熬夜，你画得非常棒，很优秀。我相信你，稿费你先收下。”

一位学生作曲人和我搭档做一首歌，我先出了词，他依据词谱曲。作品完成时，我惊叹他竟有如此才华，便真诚地表示了赞许。我总是如此，对待好的，从不吝啬赞美。鼓励优秀，我觉得是我的本能。因为他还是学生，我便支付了那次词、曲创作的全部费用。他说要按规矩，一首歌的报酬应该是词曲作者一人一半，等版税下来，会把一半钱还我。我说："没关系，好好创作，你有很棒的才华，加油。"

情商，百科全书定义为"一个人自我情绪管理以及管理他人情绪的能力指数"。如果单看前者，我自觉不属于"自我情绪管理"极佳的人，但我有一位朋友无疑是这方面的佼佼者，他几乎不在公开场合显露情绪和态度。我从商，但也是文人，文人墨客的一些特质也会有。过去在职场，有时还是选择去做《皇帝的新衣》里的小孩，而不会闭着眼睛让自己成为那些大臣，也因此被"大臣"们嘲笑为"笨"。不过，若是把情商的定义延展开来看，涵盖自我察觉、自我管理、社交察觉、人际关系管理的能力，好像我也并不是那么愚蠢。以结果论来说，若是一个人去到哪里，都能自然地吸引一批能者相随，凭个人风格即具备影响力和号召力，这样的人，情商是高是低?

人和人是不同的，即使是朋友，心性也并不相同，对于"承诺、诚意、在乎"的标尺也不同。你认为需要严格执行的事，你的朋友可能觉得做到八成已经足够了，这是没有对错的。说到底，在情谊层面别太较真，善解人意、体贴大度才好。这，也是懂事，是你对一些不太懂事的朋友的懂事。

我有些朋友已经六七十岁了，我们很谈得来，他们用友谊和我做单纯舒服的思想交流。一方面是我与他们的思想有许多相同、相通之处，另一方面是在我身上能看到他们自己年轻时的影子。友谊吸引力大致源于个人特质、三观相近、舒适自在。精神世界的片刻满足，有时就是简简单单、知己在旁、品茶休息、坐看斜阳。

我们常说天下无不散之宴席，不同的朋友，陪你走人生不同的阶段。虽然悲伤，但不得不承认：生活就是，有时你冷了，别人正好为你披上外套，可最终，你得把外套还回去，独自走自己的路，所以，不必贪恋那一时的温度。

有人出现在你的生命中，或多或少给你带来了影响，也许难过，也许喜悦，但已经很值得感恩。若有人饱含情谊，陪你走了几十年，哪怕远远地，但他们见证了你的成长、你的喜怒哀乐，他们就已经是世界给你的礼物。所以，何必要拿俗世的东西去检验情谊？

Alone is what I have. Alone protects me.

我只有孤独做伴。孤独能保护我。

——夏洛克

No, friends protect people.

不对，保护我们的是朋友。

——华生

人这一生，从来都是一个人的旅程。往来都是过客，沿途皆是风景。情谊、朋友及风景的构成，不可或缺。

自律是坚持自己，接纳不同

这一生，我们希望找到同类，懂你，明白你，虽奔跑在各自的奋斗路上，但仍能与你互相鼓励，更幸运者甚至并肩作战。

但是，在人生观完全形成之前，我实在需要结识更多与我不一样的人。听来自不同文化、成长背景的男生、女生乃至年长者的故事与想法。看到世界之大，绝不是待在井底抬头所看到的那一方天空。懂得观念之丰富，并没有一定的对错、应该或者理所当然。

越多元，越强大——这条规律在美国南加州的一座充满极客气质的小小学府——哈维穆德学院（Harvey Mudd College）得到了最好的应用。校长Maria Klawe尽可能从一些大型学府吸引女性和少数族裔人才。实践和统计表明，多元程度高的小班教学，让这所学院的毕业生职业生涯早期和中期的薪酬都高于斯坦福大学、宾夕法尼亚大学和哈佛大学的同龄人。

人的变化有时是潜移默化的，有时是猝不及防的。经过的人，经历的事，喜欢讨厌，思想情怀……在“人”与我原本长大的地方——差异较大的法国和我国台湾学习生活，所听、所见、所感受，像海水流过我的大脑、我的心脏，然后我意识到，我之所以5年多没有写书，是因为我写不出之前的感觉了，写出的是自己看了都犯“尴尬癌”的作品。我又瞬间明白，我接下去写的，应该与之前的有很大不同。

而这，就是“文化冲击”“多元价值”扩展了我的思考范围与深度，让我有了更大的接受度。

“我想写一本好书，一本几年后再看仍觉得好的书。”

许多朋友劝我放弃这个念头，因为做生意赚的钱比写一本书多太多，既然我已经出过两本书，从商业角度来说已经达到目的，何必再花时间雕琢新书，不如专心从商。

其实，“写一本好书”的目标真的不能随便立，因为别说几年后再看，就连几个月后再改稿，我都想问自己写的是什么。但是至少用文字的力量记录思想、价值观的初心及把初心实践出来的过程与毅力，还是值得肯定的。

一位读者给我微博留言：“2013年10月，看到写你的文章，并不是羡慕你完美逆袭，那样的故事在我那个年纪已经看了很多类似的了，并不屑一顾。我只是欣赏你那种自信果敢，就像《飘》中的女主角，遇到问题不抱怨，不沮丧，而是立马去解决。”

我受人影响，别人又受我影响，我不知自己做的哪一件事可能改变了另一个人，我能做的，就是做那些能够建构我理想中的世界的事。如果我的文字可以给他人带来哪怕一点力量也是很好的，也是有价值的。每个人对写书的目的定义不同，有人以此为生，有人以此为乐，我不可能活在别人的定义里，我的原则就是坚持自己，并接纳不同。

2018年初，电影《无问西东》赢得众人无限的好感，虽然安静地坐在那儿，却早已泪流满面、心潮澎湃。片尾再现的每一位“大家”都让我景仰。俗世里生存，不俗的存在，生命的意义，可贵的东西，众之价值是否为吾之追求，又要拿什么东西留世？且看我自己，朋友们几乎清一色地认为我应该在经商这条路上出色，而不该在写书的途中浪费时间。若不是我实在太有自己的思想，恐怕那个“写出一本好书”的念头会如友人们的耸肩一笑那般被抛弃，可真正让人欣慰的是，懂得以后还能从心所欲。

自信且无畏。

现代人常常感到无聊，其实是“更高精神满足感的需求”与“远远不足的知识补给”之间的落差。所以，无聊时去啃书，去学习。人生如逆水行舟，不进则退。

做《巴黎吧哩》一系列视频，我们采访了来自20个国家的30位老外，同样的话题，他们总能给出截然不同的答案，但都有道理。看《奇葩说》也是如此，观众被辩手们的论词动摇，这本身就说明了价值观的多元存在。多听多看，才不至于执迷在牛角尖里，才不至于受不了一点“不一样”。

在巴黎，有位朋友问我：“一个北京大学的毕业生，特别爱看书，各种各样的书，可是30多岁了还事业平平。你会不会觉得他很不成功？”若是5年前，可能我会这样认为。但现在，我想说：“不。”

成功的定义不是单维度的。有些人享受内心的丰盈，只要那是他所喜欢的、感到快乐的，就足够了。各人价值观不同，没有谁一定比谁优越，没必要用自己的视角去审视别人的生活。

你只要坚持你自己，不要三天打鱼两天晒网，不要只会立目标却毫无行动力，就足够了。

你包容，是因为你理解。拥有丰盈的内在，才能真正淡然。

彩虹美丽是因为它不止一种颜色，接受多元的存在，是对别人的尊重，是对自己的善意，也是一种高级的自由。

运用自律

——你有多自律，就有多自由

越自律，越幸运

我的幸运不在于未遇到事情，而一直在于每次遇到事情后我做的每个决定。

所谓幸运不幸运，短期看没太大意义，应该拉长时间轴来判断。然而，与其祈求不要遇到倒霉的事，不如思考如何在倒霉时做好最有利的应对。对创业来说如此，对其他事也一样。下面以我在法国遇到的事为例。

我去坐地铁，因为只有一站地的距离，便没把后背包放到前面。刚上地铁找了位置坐下，便见一位盲人想上车，行动不便，我便起身去扶他。把他扶进来，安顿好，我又坐回原来的位置，大意地戴上耳机听起音乐。轰隆隆的地铁声和音乐声让我完全不知背后发生了什么。到站后，我正打算出站，看到一位老先生的东西散落一地，便上前帮他一件一件捡起来。然后，像往常那样走回住处，直到来到院子门口，想拿钥匙，才发现背包被打开了，当下脊背一阵发凉，反复翻找后发现放在包里的手提小包不见了，里面有钱、有卡、有护照……

本来订好了下周巴黎到米兰、罗马到雅典的两段机票，预计是等明天考完试，接下来的一个半月去意大利、希腊、东欧和荷兰的。前几天还想着要自己规划一个人的旅行，安排所有的一切，正头痛着。护照被偷后，反而瞬间安下心来：哪里都不用去了，也不用纠结了。把机票退掉，安安心心待在法国吧。

偷包事件后，我去了巴黎警察局报案，也去了中国领事馆，无论是法国警察还是领事馆柜台阿姨都对我很好，很耐心。想到在法国最后的一个半月，“该体验的都体验了”，也不错，好在没有大损失，无非就是补办护照需要等，卡需要回国补办。

既然护照要等一个月，也去不了其他国家，不如在法国深度游。于是立刻在网上搜“全球最美小镇”，还真的被我查到其中居然有一个在法国，叫Annecy（安纳西）。

所有考试结束后，同学们能走的都走了。我订了火车票和旅店，带着两位同学借给我的200欧元，前往Annecy。

一下火车，我瞬间便爱上了这个地方。它在阿尔卑斯山下，法国和瑞士交界处，分明就是一切美好都在这里。本来我应该精算如何巧妙地用那200欧元度过剩下的在法国40多天的日子，却来到一个物价比巴黎还高的小镇，但面对湖光山色，迎面而来的笑容，感觉幸福极了，接下去一个月我就要住在这里了。法国人称它为“阿尔卑斯山的阳台”，当地人称它为“萨瓦省的威尼斯”。特别是城中的那个安纳西湖，它的水来自阿尔卑斯山的冰雪。

美景浸目，光阴莫负。我这次在Annacy住的房子，屋内摆设十分雅致，我住得也十分雅致。每一天，我坐在阳台，喝着红茶，看着书，抬头便可看到阿尔卑斯山脉。我去超市买食材，自己煎牛排、炒青菜、煮面，或是照着在比利时学习的技能：煮好饺子，蘸上老干妈酱……房间里播放着一首的*Fluid*，安然地生活、思考着人生。终于理解了法国启蒙思想家卢梭讲的，他曾经在Annacy度过一生中“最美好的12年”中的意味。

从房中的窗户看出去，能看到Annacy的铁轨，一次雨后，想起余光中的《记忆像铁轨一样长》：“只是到了夜里，人籁寂寂，天籁齐歇，像躺在一只坏了的表里，横听竖听，都没有声音。”

Annacy最负盛名的Palais de l’Isle（中皇岛），附近有座小教堂，比起很多宏伟的教堂，这个真的朴素很多，但来这里的每个人都如此虔诚。大概唯独我，是抱着看看的心态进去的，然后，一秒钟，整个人就被它的平静洗刷了一遍。

沿着湖畔走，能到湖边市场。我到Annacy的第二天在市场里遇到了一位音乐老师，是个纯朴的法国人，邀请我晚上去艺术学校边上的音乐厅看他上课。我真的去了。到音乐厅门口，用英文手舞足蹈地跟法国人解释我不是来听音乐会的，而是被一位老师邀请来观摩他的声乐课的。被带到教室，打开门，我看到里面30多位Annacy的居民，大多是中年人，正在饶有兴致、颇为认真地学习唱歌。见我来了，老师拿起麦克风说："这位是来自中国的朋友。"他们超级热情，集体把正在学的一首歌唱给我听。我用英文说："谢谢大家，很开心，我也为大家唱首法语歌吧。"于是，我唱了一首*Je m'appelle Hélène*（我的名字叫伊莲），这首歌在法国就跟《茉莉花》在我们国家一样流传广泛。一位黑头发，黑眼睛的中国女孩口中竟唱出法语歌，这让他们更加亲切和热情。上完课，在学校内部的小酒吧里和大家喝了杯啤酒，一位阿姨开车把我送回住处。

之后两周，只要镇上有音乐会，他们就会邀请我一起去欣赏。回到家，我脑子里都是那个率性女歌手边弹琴、边用略带沙哑又稚嫩的嗓音唱jazz，以及她帅气摆动肩膀的样子。知道我喜欢唱歌，音乐老师、他的学生们以及那位女歌手提议："Tong，你在Annecy的最后一周，要不要到音乐厅的大舞台上为我们唱一首完整的*Je m'appelle Hélène*？"我去唱了，而那次演出，到现在一直留在我心里。

朋友们载我去了许多极其美丽的地方，一路上除了"Wow""Amazing"之外我真的不知道该说什么。晒着太阳，聊理想、聊生活、聊"快乐"的定义。听着*take me home* *country road*，看到了阿尔卑斯山在那个冬天的最后的雪……

我像当地人一样生活，偶尔去周边郊游。搭着欧洲版顺风车，去了依云小镇，在那里找了个咖啡厅，和艺丹、Lois、Achilles手机连线开《巴黎吧哩》视频会议。也挑了两天去瑞士日内瓦，听着Miss Li的*forever drunk*，踩着节奏，走过大喷泉、教堂、咖啡厅和商店。还坐着小巴士去了一个忘记名字的地方，美轮美奂。还在那里遇到了一对气质出众的中年夫妻，他们带着两个美丽的女儿和她们帅气的同学们，玩皮艇、躺在草地上晒太阳……正巧他们也住Annacy，傍晚时分，便开车把我带了回来。

20天前我只身来到完全陌生的Annacy，20天后我不但在音乐厅大舞台上独唱了法语歌、熟悉了这里的大街小巷，还结交了纯真善良的朋友们，融入了这里的生活。友谊真的很奇妙，有朋友的地方突然就有了归属感。每次聊到我快离开的事，大家的不舍神情都让我这个冷感天蝎动容。我们一起唱歌、一起喝酒、一起吃饭，交流中我向他们学法语，帮他们练习英语。这正验证了那句话："生活不止眼前的苟且，还有诗和远方。"

为了感谢朋友们对我的照顾，在要离开的倒数第三天，我邀请他们来家里吃晚餐，我煮中国菜！不知道当初我是怎么有勇气提出这么自信的想法的。提前买好红酒，之后一整个下午，我都在厨房边上网查菜谱边做菜。他们到的时候，我还在厨房手忙脚乱，这种“女主人”的感受，也很令人喜悦。青椒土豆丝、番茄炒蛋、红烧肉，还算咽得下去，反正他们也不知道正宗的番茄炒蛋到底是什么味儿。吃完、喝完，我给他们放中国的音乐：《枉凝眉》《青花瓷》《茉莉花》……还为他们舞了一曲新贵妃醉酒。这个Chinese night（中国风情的夜晚），可谓是很尽兴了。

在要离开的倒数第二天，我又走了一遍Annacy的小巷，在教堂前偶遇小黑猫，与它对视10秒，它傲娇地走开，回头给我一个意味深长的眼神。我不想再忍受一遍它离去的背影，于是决定立刻转身，然后遗忘。我如约走到音乐厅，30位法国人见我到了，集体为我合唱了一首歌，然后，我的眼泪就落下来了。其实，那只是Annacy的水留在了我的眼睛里。

回到巴黎，在Airbnb（爱彼迎）找了个位于三区的房子，准备3天后回国。合租的是一位巴黎的优雅的老太太，我们在厨房煮茶攀谈——有意思的是，老外好像有些不知道怎么煮茶，他们会把茶包放进装着冷水的杯子里，然后一起放进微波炉加热——这位老太太很健谈，还热情地邀请我下午一起去看一个展览，边聊艺术边看精致的服饰，视觉和精神双重享受。走到大牌华服展时，60多岁的她兴奋不已，20多岁的我格外冷静，真怀疑自己是不是女人。

就这样，来法国要达成的几个目的，逐一达成，心情畅快。回国前一天，以漫步在细雨中的巴黎左岸完美收官。第二天，我不留遗憾地登上了回程的飞机。

从护照被偷到被“困”法国的一个多月，只是一件小事，反映的却是一种处事态度。后来的一年，我经历了更多人生大事，勇敢地与一种生活告别，开启另一种生活。在新生活中，从迷茫到清晰，密集地“经历、自省、认知”。30岁这一年，对于我来说，仿佛每3个月，便像过了一个世纪，和一批人挥手告别，又遇见另一批人，然后再告别，再遇见。回望，皆恍若前生。30岁过后，我不知道哪些人在远去，哪些人又在到来，哪些人会治好我的健忘，我又会走过哪些人的心里……然后，带着遇见和遗忘，最终依旧是我陪着自己。

老天是公平的，他给了你很多鲜花的时候，也会在里面放几只恶心的虫子。

我也曾没有防备地跌进生活给我安排的套路里。虽然说了很多潇洒的话，实际上却要很努力地爬出来，纵使摔得全身是伤，纵使忍受风吹雨打雪霜严寒，也不能任生活摆布，一定要望着天上属于自己的星星，爬出来。

《奇葩说》有一期辩题是“生活的暴击（挫折）值不值得感激？”大家说得非常好，马东总结得也非常好，说到了我的心里，我们不要鸡汤，我们要“真”。我不感激暴击，不感激所受到的伤害，我只感激帮助过我的人，以及在暴击后没有倒下的我自己。正如我曾写过的一句歌词：“哪怕被世界抛弃，也要化个妆，抬起头，识大体。”

经历带来经验，经验本就是财富，它使你懂得将来再遇到事情的时候该如何应对。你不会不够强大的，只要你对未来还有憧憬，只要你还在为此努力，挫折会把你摔得更强大。哪怕过去的经验有时会误导你，让你在面对类似的问题时条件反射般地泛起熟悉又久违的害怕，几乎缴械投降。但其实你所处的状态已经变了，你也已经变了。类似的处境，对于过去的你而言是困境，对于现在的你而言早已不是，而是一件说过就过的小事。

在网上看到一段话："最应该感恩的就是你自己，遇见逆境时没有倒下，面对流言置之不理，一个人独自挨过疾病和孤独，踏过千山万水仍旧心怀信仰，不作恶，不畏惧，相信爱。是你自己为自己启开了窗，独自挨过那一次又一次的，足以让人沦陷的黑暗。"曾经有一个人听着歌走在巴黎街头，大雨淋漓，看到这段话的时候哭了好久。对此我写下："一个女生，裹着棕色的风衣，踩着高跟鞋，淋着雨，被冷风吹乱头发，听着歌，哭泣地缓慢行走在巴黎街头，路过我，消失在雨雾中。我想她一定有很难过的事吧。"是的，这个女生，就是我自己。

其实虽然艰难，但也没有到无路可走的地步。有时也是自虐情绪作祟，听悲歌单曲循环，让自己沉溺在设定的情绪氛围里，不想出来。一株小苗，我却用一棵大树的伤感去浇灌，这大概也是一种病。自我心理暗示太重要了，所以最终这个世界就是自己和自己的一场游戏。心境得靠自己走出来。也许有人觉得当下的处境糟透了，其实拉长时间轴，你会发现并不是。老天只是觉得你应该最大化地去体验生活，淋漓尽致地品味酸甜苦辣。老天在一个你尚且可以承受、可以转弯、可以选择的阶段安排这一切，包括让你遇见那些崭新的人以及他们的观念和生活方式，让你感受和感触，就足以证明老天对你还是有善意和安排的。这就是我为什么说："老天一直想教我很多东西，却始终不忍心忘记厚爱我。这就是我的幸福。"

一次，墨子攻来上海出差，陪我漫步在深秋的延安西路。他提议："说说今年让你最快乐的三件事。"那么多年，每次见面他都是如此，要求我提炼快乐，不要多，就三件。要从快乐中分出最高级，每次都让我觉得不容易。努力回忆了一下，我说："一件，二月份的深圳海滩和阳光。"再抿嘴想，接着说："一件，这几个月和几个人的遇见。"停顿了几秒，看一片落叶飘下："最后一件，这次回来，我拥有了更多的勇气去折腾。"

始终要有那种，把“进退两难”的处境转变为“进可攻，退可守”的本领。

与很多认识或不认识的朋友说每天都会看我的微博、微信，从中获得力量相同，我每天也会翻看我喜欢的偶像发的内容，从中获得共鸣与力量。因为我们知道，其实每个人的生活都不会是完美的，都会有各种各样的快乐在体验，都会有各种各样的问题要面对。而你喜欢的偶像也得应对事业或生活中的问题，他们能够把更不堪的情况处理得圆满，这就会带给你励志的力量。这个励志的力量不是因为偶像们在享受完美人生，反而恰恰是因为他们在遇到不完美的人生时所做的选择——付出的勇气和攻克一切的所向披靡。也就是说，任何事都不是容易的，任何所得都不会如外界以为的那么轻易。没那么多矫情的正能量，最好的正能量就是过好自己的生活，然后让别人看到你的生活就充满动力。

事与时间淬炼的强大，不在于外在表现是否强硬，而在于内在的沉着与冷静，痛而不言、笑而不语、遇事沉着、待人随和、理解礼貌、豁达光明。时间诉说答案，时间不会辜负。

自律贵在持之以恒

一个人的发展，快慢不是问题，但得稳。一个人的进步，短暂的绚烂不是关键，但得扎实。我希望我的每一段发展、每一次进步，都是让自己有踏实感的。

常有读者问我：不知道自己要什么，该怎么办？

其实，我没有大家想得那么聪明，是一路傻过来的，很多信息和想法是别人告诉我的。比如曾经有个朋友对我说："你是励志书畅销作家，我也出过一本励志书，我们可以仿照某某某的发展路径，今后建立自己的励志品牌，当励志女性企业家。"

我觉得："嗯，好主意！"

然后，我就开始行动，写了第二本书，念MBA，到台湾，去巴黎，挖掘想实现的初心，找到合适的创业产品和服务。而我这位朋友呢？同一年里，她充满想法，每个领域都沾一点，每个项目都找合作伙伴投点钱，然后又放弃。

我到底要什么？然后呢？

一路走过来，我遇到好多人，也遇到好多这样的例子。她们特别棒，她们告诉我她们的梦想，告诉我我不知道的资讯，我发现有符合我梦想的，就约定一起跑，看谁先到下一站。然后，我在我们的梦想之路上奔跑，快到中转站时，我激动地想去拉她的手，告诉她："瞧，我们的梦想就要实现了！"可是她怎么不见了？原来，她走了最初的几步就放弃了，继续徜徉在脑中的梦想里。

很多事情就是这样，我傻乎乎的，一开始也不知道我要什么，不同阶段，总有很多聪明人闯进我的世界，给我灵感，告诉可以干什么，然后我就开跑。结果往往是，我一个人走完了我们都想走的路。

有人说我是结果导向型的人，其实在单纯做事层面，结果导向未必不好。如果我选择要做一件事，一定会首先弄明白，我为什么要做它，要达到什么目的。比如当初选择在台湾攻读全日制MBA，是因为自己的名校情结，想在台湾最好的商学院深造。同样地，选择去巴黎当交换生，也有清晰的考量：

首先我从来没有海外留学的经历，硕士阶段可能是我最后的学生生涯，此时得到一个难得的交换生名额，我想珍惜这个体验。了解国外的教学风格到底是什么样的，国外的学习风格到底是什么样的。也想借着这个学习机会去别的国家生活一段时间，体验一下当地居民的生活状态、文化习俗。我向来对历史、人文、民俗非常感兴趣，比起打卡式旅游，我更愿意去融入当地居民的生活环境。此外，出国还有一个目的，我希望在增长见识的过程中，发掘商业灵感，找到能够让我浑身的细胞都洋溢起激情的创业点子。

简单介绍一下“交换生”这件事。很多学校都会和其他国家或地区同等水平的学校互为姐妹学校，每一学期会有一定名额的学生被送去对方学校学习，这样的学生称作交换生。交换生只需要支付自己学校的学杂费，无须支付任何学杂费、学分费给去交换的学校，有些交换学校甚至会帮交换生安排免费住宿。交换生名额一般不多，所以也需要选拔。比如每一学期，从Chengchi University（台湾政治大学）选拔去ESCP（欧洲高等商学院）交换的名额，只有一个。

ESCP-Europe是世界上第一所商学院，被认为是欧洲最顶尖的商学院之一，原属法国精英教育体系，是全球少数受到三大商学院认证机构（EQUIS、AACSB、AMBA）认证的商学院之一，成立200年来，培养了无数欧洲政界及商界名人。学校以国际化为特色，有丰富的国际交流活动，每名学生要拥有一定的国际经验才能够毕业。学院的使命是培养具备多元文化背景和坚实的管理知识的未来企业领导人。ESCP正因为所具有的这种国际化特色，才能为学生们提供独特的商学教育形式和全球视野。所以，学校里有相当比例的学生是由世界各地的一流大学商学院交换而来的。这不但使我在课程分组作业中可以听到来自完全不同背景的同学们的观点，还为我后来做的《巴黎吧哩》视频项目提供了现成的采访嘉宾资源。

说实话，除了明确自己此番交换要达成的几大目的，我并没有做什么其他的出国前准备。行李也是出国前一天晚上才花了两个小时整理的。主要是提前准备好钱和签证，并预定好住宿。其实提早做功课还是必要的，比如我，带500欧元面额的现金来法国，基本没店家敢收，最终只能到法国银行去换。这里提醒带欧元来法国的人，注意尽量换成50面额以下的。

我没有要求法国学校那边接机，从戴高乐机场到小巴黎，坐大区快铁B线很方便。小巴黎覆盖有四通八达的公共交通，很容易到住的地方。我大约早上7点抵达戴高乐机场，学校那边9点开始研讨会，教授们给学生介绍欧洲及法国的历史与文化。学生可以自由选择要不要参加一周课程结束后的考试，如果参加并且通过，也可以算学分。我想要这个学分，于是拖着所有行李赶往学校。让人惊讶的是，巴黎的地铁很多是没有扶梯或电梯的，也就是说，我在坐了12个小时飞机以后还要自己扛一路的行李，包括上下楼梯。主要是怪我自己愚钝，本应搭的士的，当时竟然没想到。

交换那一学期我修了五门课：两门30课时的大课——Branding（品牌）和Marketing of innovations（营销创新），这两门课都很有难度。

Branding课有一句话让我印象深刻。巴黎欧莱雅的高管对我们说："搞市场和品牌的人，穿衣服就该精致优雅。"这让我想起一位在清华大学修MBA的朋友跟我说："我们教授说，你们的衣着和气质，走在路上就能让人辨认出你们是清华的。而走在清华校园里，就能让人辨认出你们是商学院的。"

我认为，精致不应该是奢侈品堆积出来的，而应该是内涵的外在流露。每天能够在一分钟内决定穿什么并且穿搭得体又好看的人，拥有的是一种"厚积薄发"的才华。

Branding（品牌）课上，我和4个美国人、1个意大利人组一个小组，讨论某品牌的定位和策略。意气风发的90后外国同学，完全不给我说话的机会。我边微笑听着边想："这些小孩子啊，以后就会知道那样的思路不对，策划不严谨。"可一想完，我马上觉得好可怕，没准几年前别人也是这么想我的。

美国人真的有种从骨子里散发出来的优越感，那种自信像是无来由的。看着他们，我真的相信为什么大家常说，我们一般的学生想着毕业后如何找到更好的工作，更有志向的想着如何拼搏出一番事业，而美国的学生想着如何改变世界。

在台湾和巴黎，我遇到好几位美籍、加籍华人，他们中好多人不喜欢和中国人玩在一块，因为他们觉得自己是美国人或加拿大人，然而他们也融不进真正的白人同学圈子，因为在白人同学眼中，他们还是和自己不同。有个有意思的故事，一位华人先生和一位美国女士结婚，先生说：“我一辈子都在追求，怎么样能和别人一样，而我太太一辈子都在追求，怎么样能和别人不一样。”这大概都是一种无奈吧。可就算中国同学张开双臂欢迎他们，受传统观念影响，他们还是宁愿独来独往，当个“洋人”。其实，世界格局和国家格局早就变了。

当时，和我同期交换的一位同学Lois，也是《巴黎吧哩》团队的一员，来自著名的美国威斯康星大学麦迪逊分校，她问我：“你是不是Party Queen（派对女王）？你是怎么融入洋同学圈子的？”她之所以这么问，是因为几次欧美同学的派对唯独邀请了我一位亚洲人，阿根廷和印度同学的音乐美食交流会也唯独邀请了我一位“老外”。我其实也不知道原因，为了她的问题，还细想了想。这是我后来的回答：“我一定不是Party Queen，甚至比起参加派对，我宁愿宅着。喜欢两三人能深聊的小聚，要不就宁可一个人。我觉得之所以外国同学喜欢把我叫上，是因为和我相处舒服。在我的观念中，虽然我们来自不同的国家，有不同的文化，不同的背景，不同的肤色，不同的口音……但不同仅仅代表这些方面的区别，本质是一样的，我们都是懂得尊重、懂得理解的人。我的心中本质上也没有美国人、韩国人、印度人，或者某国裔、哪国人的刻意区分，国籍本身不具优越感或羞耻心，交友看的是个人，而非那些他自身无法选择的'携带属性'。另外，我喜欢多元文化，抱有好奇和学习的心愿，很乐于了解他们的文化、理念。那种平等与尊重是可以被感觉到的。在他们心目中，我也并不是中国童童，或者上海童童，而是童童，她来自中国，仅此而已。"

我和外国同学们常有很好的互动，谦和但也自信。比如聚餐的时候，我会教他们念唐诗："君不见，黄河之水天上来。"他们学我摇头晃脑地一句古诗一句古诗地念，画面相当喜感。我还教大家怎么用剪刀石头布摆可爱pose（姿势）拍照，让他们明白什么叫亚洲女孩"装可爱风"。还有一次，参加一位德国新朋友的生日派对，这算是我第一次参加纯洋的家庭派对，气氛太热烈了，完全把家庭派对变成了酒吧狂欢的感觉，一群欧美美女同学教我跳性感的扭胯舞，我教她们跳《舞娘》，燃爆全场。凌晨3点，吵闹得被邻居差点去叫警察。再比如那次阿根廷和印度的联谊会，我吃了好多印度同学强烈推荐的印度美食，那味道……好不习惯……他们还很期待、很真诚地看着我问：“好吃吗？”

在外国同学眼中，我和大多数中国同学不同，上课爱回答问题。其实爱回答问题这件事，一方面是想检验自己记住的答案是否正确或是否只是片面的正确，另一方面是因为我是“课堂尴尬癌”患者，之所以成为整个班上发言最多的学生，是因为我得了一种“一旦教授提问，台下却鸦雀无声时便会不由自主举手回应，以挽救尴尬”的“病”。

我的另外两门是15课时的小课：Negotiation & Culture（谈判与文化）和Breaking the code of true leadership（打破真正的领导准则）。此外，还修了一门初级法语。

Breaking the code of true leadership（领导准则）那门课，教授让我们两人一组作业，去找一个CEO（首席执行官）采访。我和一位韩国男孩被分到一组。课间互相介绍后，他面露抱歉的神色，说他英文不好，而且没有CEO资源。为了方便小组作业，我随即拨了一个电话给韩国LG集团在我国台湾地区的CEO，也是我的学姐，希望能够约电话采访，她欣然答应。后期采访时她还特地让她的韩国特助全程翻译。我的韩国搭档惊呼这作业完成得竟如此顺畅。

短短半年，累积的友谊却不浅，来自20个国家的30位老外同学甚至义务帮助我的《巴黎吧哩》视频拍摄项目。现在回到各自的生活，但每天还是能从Facebook（脸书）上看到大家的动态，偶尔想念，感觉很好。

说到体验异国的生活与文化，虽然巴黎真的可以算得上脏乱差，如我的手提包曾在巴黎地铁上被整个偷走，但我对巴黎总体还是喜欢的。主要是我喜欢艺术、历史和欣赏建筑。法国人的浪漫是骨子里的，并非刻意地矫揉造作。比如走在路上，突然下起雨，为了避雨就近躲进一家花店，于是就会顺手买了一束花。现在很多人称巴黎为“巴黎斯坦”，因为人种真是太混杂了，常见到路边的橱窗有被砸的，十八、十九、二十区基本不建议晚上前往。

来做交换生，我没有预定学校宿舍，而是从Airbnb上找到了漂亮的房子。在Airbnb上找房子，除了看地段和价位外，主要是看以前房客的评价，这可以帮助你更好地了解房子，做出较正确的选择。如果不怕坐40多分钟的地铁到学校上课，我建议住马约门广场一带，那里算是富人区，环境治安都不错，房租也不贵。

至于饮食，由于我不会做菜，这半年来的食物主要集中在：法式餐厅的牛排、法式餐厅淡菜（Mussels）、麦当劳、中餐厅（面、云南米线、四川火锅）、越南米线、中国超市买的饺子和泡面回家煮……无论是吃的还是喝的，餐厅都比较贵，超市很便宜。路边店里卖的烤鸡是个不错的选择。

出行主要靠地铁，最好一次性购买10张票，会比一张一张购买优惠。只要不出站，就只需要一张地铁票。

巴黎的街道到处可见捐衣箱，离开巴黎之前，我的很多衣服、包包、鞋子，放行李箱扛回去也几乎不会再用，真的太值得捐给需要的人，于人于己都是好的。于人，赠人玫瑰手留余香；于己，学会“断舍离”。

法国的博物馆对26岁以下的学生是免费的，所以，我这个30岁的大龄交换生，得趁每个月的第一个礼拜天，也就是各大博物馆的全民免费日，去卢浮宫、凡尔赛宫、奥赛博物馆观赏艺术品和画作。

很多朋友都问我在巴黎“习惯吗”。这没什么不习惯的，除了父母身边，其他地方对我来说都一样，都是追逐梦想的地方，把思家情绪深藏在每天的忙碌和街道的独步中。

我的适应性算是不错的，刚到巴黎没几天，在地铁站遇到一个法国老太太颤巍巍拿着硬币不知道怎么买10张套票，我上前帮她操作了机器。真没想到，10年前在大学学了一个月的法语，居然能让我在巴黎“安然”生活了。

法国人虽然英文不好，但并没有那么排斥讲英文，至少我只遇到过一次，不是在巴黎，而是在一个小镇——司汤达的故乡格勒诺布尔，在一个不是特别漂亮但还算有点特别的山中之城，对方直接跟我说他是法国人，请我跟他说法语。但巴黎毕竟是大都市，旅游胜地，大家都很客气，看我的亚洲脸，也很愿意给予帮助与方便。

有一个著名的W曲线，道出了文化适应的动态过程：蜜月阶段—崩溃阶段—独立稳定阶段—回国蜜月期—回国崩溃期一回国稳定期。我在到巴黎大约一个月以后出现孤独感。“孤独感”是一种“再忙”都无法填满的东西，也是一种除自己以外他人无法感同身受的东西。尤其是倒时差的6个小时，微信几乎死寂，家人好友皆已入睡。有想法想说话，却没有熟悉的人。

这半年，恰逢中国农历新年，我第一次过了一个“父母不在身边”的年，几个同学做伴，地点在比利时。能干的同学们安排好了一切，包括交通、行程、住宿和年夜饭。我吃了今生最好吃的饺子，虽然是从中国超市买的速冻饺子，但她们煮好、装盘，再蘸上老干妈辣油，当时觉得好吃极了。我们用电脑连线，边吃边看春节联欢晚会，令人郁闷的网速让我们最终放弃吐槽春晚，说说笑笑，到深夜，各自回房睡觉。当天晚上还有个难得的体验，我们的一个姑娘在洗完澡后被锁在了浴室，这里的门坚固到我们其他5个人束手无策，旅馆的人让我们撞门，但也以失败告终，凌晨3点，终于等来了技师，把人“解救”了出来。

比利时的中国人不少，新年那天，撒尿小童换上了唐装，布鲁塞尔大广场张灯结彩，龙车、舞扇、舞龙、敲锣、打鼓，播放着《今天是个好日子》……好不热闹。

出国学习和生活，锻炼的是方方面面……心理全靠自己调适，所有的人际关系也靠自己处理，如多元文化、多宗教的同学关系、师生关系，全球化的男女关系等。你真切地遇到许许多多优秀的人，你从他们身上学到很多，你的眼界开阔了，视野开阔了，心胸开阔了，未来之路也开阔了。你亲历了许多在国内看不到的、无法理解的商业、生活、社会现象，锻炼了自己的独立思考能力，为自己的人生观、价值观、世界观带去新鲜的血液……因为，你融入过，并不仅仅是旁观而已。

自律是生活里的仪式感

接受世界多元需要包容和理解。包容和理解，这是拥有高接受度者应该有的修为。当然，在我们能选择的时候，还是会自然而然地和同类混在一起，这是天性，就像下课的时候，你会下意识地跑到平时经常玩在一块儿的同学身边，度过那短暂的10分钟，因为同类让人舒服。

同类的遇见，是会有熟悉感的。那是一种说不清楚的东西，这跟你和这个人熟悉与否没有关系，但就是有种感觉，你知道他能听得懂，就像你明显不想和听不懂你的人浪费更多唇舌一样。

有位同学在日本当交换生半年，感觉像去“禅修”一样。回国后，面对一群不理解他的人，他感叹：“为什么聪明又人好的人那么少？”我说：“我们现在的状态，真的没有时间去和始终契合不了的人周旋了，太浪费时间和人生的重点。”正如电视剧《欢乐颂》里那句经典台词：常与同好争高下，不共傻瓜论短长。

我时常感叹自己的幸运，我的朋友都那么优秀，又那么好。虽大多是商人，但留有赤子之心，纵使身陷泥沼，也保持一方清澈，冷眼看浊世纷扰，高洁自在心中。我们分享观念、战略、战术、看法和感觉，偶尔分享喜欢的音乐、电影和不知从哪里来的创意。我们都有骨子里散发出的自信，有一些相似又有许多不同，我们乐于彼此交流，互相学习，共同成长。如今，我们一起行走在不断修炼的路上。

朋友是：听得懂，聊得来，互相看得上。

闺蜜是：听得懂，愿意听，聊得来，愿意聊，互相看得上，互相损得起。

知己是：知道我为何而来，知道我向往何方，一个眼神的长度，便能把我看穿。

我有朋友、有闺蜜、有知己，有良师益友，每每想到这里，即感恩老天，感恩命运。在好几位友人眼里，我怎么样都好，优点被诚挚的眼神赞美，缺点被认为是成长必经的足迹，对我无限包容，对我充满信心，对我由衷欣赏，对我万般肯定。每天忙得吃不上一顿准餐却耐心倾听我的日常琐碎，彼此分享心事、彼此共享音乐，在乎，互信。有些相识好多好多年了，我得意的时候在，我失意的时候更不离开，这大概就是友谊最好的样子。

记得在我最难熬的时光里，长期沉淀、已成背景的情谊充满力量地冒出头来，带给我出乎意料的坚实的感动，顿觉自己其实被上天厚待着。那段时间纵然选择独处，但还是收到好多朋友主动和实心实意的关心，每晚陪着我的还有闺蜜们长长的电话。其中印象深刻的是铁友墨子攻的一句话："你别总是怕麻烦朋友。朋友不是互不相欠，朋友是一辈子互欠。"

和墨子攻认识7年，飞机上的邻座，变成了现在的铁友。那时我还在外企当市场部主管，还没写书，还没去台湾，他也还没进那家知名游艇公司当COO（首席运营官），也没开始他的财务集团创业。这些年里，我们互相看着对方在职场和人生路上调整、前行、成长，互相鼓励、支持、尊重、关心，一起没心没肺地吃喝玩乐，聊天、谈心、逛文创园，一起斗志昂扬。他说我们像《笑傲江湖》里的曲洋和刘正风，也因此特别钟爱《沧海一声笑》。

2018年10月，他兴致勃勃地说要来上海，带我去阳澄湖吃大闸蟹。我说其实我对蟹还好，他说其实他也还好。我问那为什么非要来，他说为了仪式感。他回忆之前一次到阳澄湖，在湖中心的船上吃着蟹喝着黄酒；听人抚琴——《沧海一声笑》，那意境太美。可惜这次我们来，绕着阳澄湖找了一圈也没发现湖船，就随缘地找了一家湖边餐厅。我心想，不美啊，要是真正在湖中央泛舟听曲就好了。他似乎看出我的心思，酒上来的时候，他拿出手机，开始播《沧海一声笑》，并且让我听歌、品酒、吃蟹，然后说朗声道："有蟹、有酒、有歌、有知己，多美。"

我说，《小王子》里的狐狸对小王子说："你每天最好在相同的时间来。比如说，你下午4点钟来，那么从3点钟起，我就开始感到幸福。时间越临近，我就越感到幸福。到了4点钟的时候，我就会坐立不安，我就会发现幸福的代价。但是，如果你随便什么时候来，我就不知道该在什么时候准备好我的心情，也就缺少了一定的仪式感。”“仪式是什么？”小王子问道。“这也是经常被遗忘的事情。”狐狸说，“它就是使某一天与其他日子不同，使某一时刻与其他时刻不同。”

墨子攻说：“是啊，蟹这里能吃，那里也能吃，然而10月到阳澄湖吃大闸蟹就是我为生活找到的仪式感。”

《小王子》是他强烈推荐给我的，多看一遍，确实多一分感触。“因为忘记自己的朋友是一件悲哀的事情，并不是每个人都有朋友，如果我忘记了小王子，那我就会变得和那些只对数字感兴趣，对其他事都漠不关心的大人一样了。”

又如某一个平安夜，我发烧到38.5度，头痛，喉咙痛，腰酸背痛，主持完校友会的圣诞派对，瘫软地窝在沙发里。发消息给一位女友，说“生着病的创业狗没有晚餐约”，女友当即便让我去她家，并做了一整桌菜。几年来她对我一直如此，我低潮时，尽其所能地帮助我，我做任何选择，哪怕不符合“正常”观念，她都觉得我是对的并且给予支持。

这天，她儿子在客厅玩“圣诞老公公”早上送的礼物，她先生在房间里加班办公。另一位女友携着她先生也来了，大学三闺蜜在将近4年后重聚。我身体不适，早早地斜靠在床上，她俩进卧室来围坐在我身边，照顾生病的我，像是回到了大学的寝室，聊着生活和情感。

岁月真实发生在我们身上，错落成各自的故事，不同的个性把我们送上不同的人生轨道。然而有些东西是不会因岁月而改变的，那就是无论多久没见，一天或是一年，再见面时还是老样子。

我们还是我们。

再如一位朋友，我和他曾有过这样的对话。我说我有很多缺点，比如自我、毒舌、孤傲、清高……缺点多得甚至可以和清明上河图上的人与物画等号，谢谢你们包容我。他持着他一如既往的温文儒雅，暖暖地说道："那些是优点啊。自我——能力好的自信表现，毒舌——沟通技巧好，孤傲——优秀人的特点，清高——有本事才能做到这一点。"这种盲目的友谊真是让人很难拒绝。因为多以互联网交流，平时忙得很少见面，现实中的样子已经模糊。我印象中的他，就是"白衣出江左，江上清风游"的气质。印象是感受的浓缩，和现实肯定不同，但记住暖心的语言和清爽的气质，也很好。

我认为，友谊在这个层面就是任性的，朋友就是用来帮亲不帮理的。

一般和朋友们聊些肉麻的话我都不会回看，因为那些是当时带有情绪、情感的语言，过了那个时段，再看就显得矫情了。但我的介怀其实是完全没有必要的，看民国时那些大家的往来书信，哪封不是让人鸡皮疙瘩掉一地。

很多人跟我表达过羡慕，也有人表示不解，傻乎乎的我怎么会有那么多挚友愿意在身边陪伴我、帮助我。一位朋友是这么跟我说的："其实你不必有心理负担，应该这样理解，你的朋友们本身是不缺朋友的，他们如此待你，不正表明他们也喜欢与你相处吗？有你，没准儿他们更快乐呢。我就是其中之一。"这位朋友在我心中是铁汉柔情的典型，攀登珠穆朗玛峰、徒步沙漠求生，是成功的创业者，有经历，有思想，有洞见，有智慧，眼神里总有故事。

于是，我心安理得地接受了大家对我如父如兄般的支持、提携以及鼎力相助，但还是把感恩铭记在心。"在上海这种城市，时间和心是最难的。"忘记是谁发给我的这句话，只记得看到的时候是凌晨，瞬间让夜褪去了好多声音。墨子攻说：“我是搞金融的，对我来说，时间很贵，却愿意让你随便浪费，因为你是我的朋友啊。”反过来，正是因为彼此在友谊上花的时间、精力与真心，才使得友谊更加珍贵。《小王子》中类似的观点是：“你在你的玫瑰花身上耗费的时间，使得你的玫瑰花变得如此重要。”

我无法一一描述那些对我有影响的朋友的故事，他们在不同阶段以不同的翩翩风姿走进我的世界，用智慧、情操、风范、真诚编织友谊。例如前文提到的狮子座S，年近60岁，精气神却比许多年轻人都好。过去创业，把公司做到上市后卖掉，现在投资一些公司，逻辑缜密、思维敏捷、记忆力超群，巧合的是，我们居然都是美国商业最高荣誉协会BGS（Beta Gamma Sigma）的成员，尽管我们被选入会的时间相隔几十年。

我在创业路上遇到问题，无论什么时候打电话向他请教，他都很耐心地倾听并且提出建议。有时也会生我的气，用他的“香港普通话”在电话那头大声地说：“跟你讲的，你有听进去吗？你如果不改掉这点，做不了很大的事业，别怪我这么说。啊，被你气死，虽然这样，但明天你还是我的朋友。”我一看时间，23:10，便幽幽地回道：“哦，那还有50分钟，我们又是朋友了。”

既然是“良师益友”，肯定不乏给我的建议和意见。我以为，这里有个“说不说”和“度”的问题。首先我是支持大家对我畅所欲言的，当然我朋友们的接受度都很高，对于我的个人特质肯定是认可才会成为好友的。所以，前述那些朋友们的夸赞，并不是在“捧”，而是包容和欣赏我的“个性”“独特性”，以及“多元”。但对于我的困惑、迷茫、盲点和可能会犯的错，他们要不要说？当然要。但怎样说，是要掌握好度的。这个“度”在于，他们如实表达想法，但不替我做决定。也就是，他们真实表达，我视情况采纳。他们不真实表达，看我跌坑，那很不够意思，他们也可能对我漠视。狮子座S说我有一点很好，即骂我我不会生气，更不会记仇。

有位复旦大学创投俱乐部的创业导师问过我一个问题：“我们接受了许多创业者的咨询，对于有些明显不适合创业的人，到底该不该实话实说？但我觉得不该替别人做决定，因为我的判断也未必永远是对的。”我的回答是：“当然要开诚布公，实话实说。”如果不真实表达，那何谈“导师”。而听者接不接受，那是听者的事。听者把他们的意见纳入自己的评估，但决定权在自己。一个有主见的人，不会因你的打击而放弃；一个没有主见的人，更需要指点，因为除了接受指点，他没有主见处世。

前文说到的那个微信群，几年来，成员大概维持在20位。一些“老人”赌气离开，一些新人活力加入，都是真性情的人。包括有些年纪的人，或者在各自领域取得了或大或小成就的，有时会因为辩论激烈真生气。我称它为“深刻群”，因为群里话题从天文、地理、文学、物理到历史、文化、哲学、法律……无一不包。珍贵在于，他们都是“有趣的灵魂”，不矫揉造作，就算矫揉造作，也坦白告诉大家“我在这个领域有真材实料，可以装一下”。十足像一个精小的班级，舒服地相处，没有人想从彼此身上占什么便宜。他们叫我“小妖女”，说是“小妖女”比“小仙女”更能突出我的特色。“仙”，有能力、有能量，但四平八稳，端庄秀丽，有距离感；“妖”，有能量但不安分，却是可爱的。

世人其实都有一双慧眼，终会辨识华衣、浮夸，抑或粗布、娇柔背后那颗纯净的心和那方纯粹的美好。那不就是精神的意义吗？你要相信，你的朋友们有这种智慧。

我总能从朋友那里获得能量。例如，觉得生活缺乏激情的时候，对着电脑发了几小时呆，心情越发不好，寒冷的天气也显得那么讨厌，突然想唱歌，环顾四周，仅我一人，又不想唱了。“深刻群”群主为我语音清唱了一段山歌，算是很到位了，不高兴一点好像对不起他来自山那头的声音。

学生时代的我们，无法选择谁当我们的同学；上班后，无法选择谁当我们的同事；被分派任务时，无法选择来自其他城市、其他国家的人和商业合作项目，所以，面对这些被送到我们生命中的人和事时，应该包容多元。而当可以自由选择“花最多时间和谁在一起时”，我们终究还是会选择“大体上”的同类，甚至不一定求同存异，“不同存异”也是可以的：在那些相似点上看到自己，在那些不同点上欣赏对方。因为他们是我们自己选择的朋友。

正如博尔赫斯在《朋友之树》中所说，我们生命中的每位过客都是独一无二的。他们会留下自己的一些印记，也会带走我们的部分气息。我需要你，我生命之树的叶子，就像需要和平、爱与健康一样，无论现在还是永远。有人会带走很多，也有人什么都不留下。这恰好证明，两个灵魂不会偶然相遇。

自律的人，拥有两倍人生

选择出去深造，是为了充电，为了沉淀，也为了再回到属于我的地方，听到那些鼓掌声，我能心安理得地受着。对一切人事物的淡定，就是让我最舒服的状态。自信自立，是因为有底气。

回头看，30岁前，我有意无意地涉猎了两个领域：商界和文艺界。商界，主要是在我国台湾和法国念完了MBA，大学主修也是管理学，从在世界500强企业中国区总部负责一个部门（市场部）到独立担任品牌策略营销顾问再到创业，时代在奔腾，我算是“什么阶段，什么酷，做什么”。文艺界，除了写书之外，还担任过MV的女主角，也上些台湾的文化交流类电视综艺、脱口秀。

有机会就把握，何况丰富人生体验能带来许多惊喜感受。一次去电视台录影，一位新嘉宾跑到我面前说："你们都是我在电视里看到的人，现在居然看到真人，感觉好奇妙。"我愣了一下，想我难道不是吗？小时候看电视剧、听音乐，特别特别喜欢的偶像，出现在我的生活当中，当他们对我说"学姐，如何如何"的时候，我虽然表面假装淡定，心里早已激动不已。我才要说，人生真的好奇妙。

因为"跨界作用"，两个领域互相助力发酵，让我比同龄人更快速地成长与收获。但30岁是一个关键点，不大不小的年纪，需要更长远的规划。我不希望自己死于套路——走两个领域但最终两个领域都没走好。所以，30岁生日的当天，我给自己设立了一个目标：在两个领域中都打造出王牌。

在第三本书尚处于酝酿期的时候，天上落下另一个契机——成为一名音乐作词人。机缘是这样的：我的一位铁哥们儿（他自己喜欢这么称呼）是台湾的美食大亨，却拥有非常多的文艺界的人脉，有一次我跟他讲："我帮你做你的连锁面店的宣传，你帮我介绍一个经纪人，如此可好？"就这样，我们达成了共识。由他做东，在他自家的居酒屋，他介绍给我一位在台湾蛮资深的经纪人，主要在模特和歌手领域。而这位经纪人当天带来了一位资深的音乐人Mike老师，他是台湾人，目前在北京工作，担任太合音乐集团旗下大石音乐版权的总经理。几杯清酒下肚，我说："我是写书的。"他说："作家？不错哎，那你愿不愿意尝试一下写词？"

对我而言，这无疑是一个新的领域，但尝试一下又何妨？没准自己真行呢！在他到达北京后的第二天，我主动联系他，说我已经写好了一首词，他惊讶于我对此事居然如此上心，虽然我的词非常不成熟，但觉得很有潜力，于是叫了他的一位得意门生，指导我写歌词要注意什么。我本身特点是：创意、毒舌、鬼灵精，Mike问我："你知不知道二次元？要不要尝试虚拟歌姬的曲子？"一开始，其实我有点抗拒，因为我以为歌词应该是作者本身心情的表达或者是曾经的感悟，但他说先了解再做决定，别轻易拒绝。

那段时间，我正好在研究中国的创投领域，注意到了"消费升级"，二次元市场充满魔力，是一群人的小世界，不，应该说是一群人的全世界。决定尝试写几首，让曲作者们把适合二次元音乐的曲子找出来发给我，同时我查阅网上各种宝典，了解二次元的世界。爱因斯坦说："逻辑可以带你从A到B，想象力可以带你到任何地方。”就这样，一个月以后，我提交了4首歌，被洛天依的版权公司从所有人提交的曲子中选择，他们选定两首官方发布，而这两首的词，都是我写的。

“音乐作词人”这个身份，也正是我在两年后创立“奕颗贝壳MUSINESS”商业音乐聚合与变现公司及音乐IP孵化社群的基石。

曾听一位EMBA教授说，IBM发明了一个词，叫作Flexiposive，是flexible及responsive的结合字。讲现在的人才需要具备如此特质：够弹性、够快，还要能贴近客户。

人生命的长度终是有限的，但我们可以无限拓宽生命的宽度和厚度。拥有自律，你就拥有了两倍的人生。

我过去在企业上班，面试过一位实习生，普通大学毕业，简历本身也没有亮点，甚至连没有亮点的简历上所列的社团经历，她也答不上来几句具体的话。我问她：“不好意思，十分冒昧地问，请问你是哪里人？”

“新疆人。”

“因为是面试，可否方便问一下你父母是做什么的？不方便也没关系。”

她答道："父亲在老家当公务员，母亲不工作。"

"你是希望毕业后留在上海发展还是回老家？"

"留在上海。"

听到这句话，我感到一丝心酸，看她的简历，我以为她来自小康之家，或是父母在老家已帮她安排好毕业去向……我跟她说了心里话："很遗憾，作为面试官，现在其实我只需说一句'谢谢你来'就可以结束今天的面试，但我想分享几句。上海的竞争非常激烈，500强企业门槛的竞争也非常激烈，本身这只是一个实习岗位，你的简历哪怕有一丝亮点，或者让我看到你愿意学习的强烈心愿，我也可以让你来实习，我愿意教。可是，我帮你对你简历的每一条抽丝剥茧，很遗憾没有找到。能否告诉我，哪一样，你觉得自己比别人行？英文？Photoshop？PPT？"

她回答："没有。"

这是个有趣的话题，我们愿意辛苦在前面还是辛苦在后面，我们愿意快乐在前面还是快乐在后面？如果我们选择快乐在前面，能快乐多久？我们快乐地进入菜市场，菜市场能让你快乐多久？出来的时候，惊觉离高楼大厦很远了，除非有阿Q精神，不然其实不得不承认，往后是很多很多年的辛苦。

有人说："我不会啊。"

我想说："完全没经验？学啊！"

机会是怎么来的？多试试就有了。拿我来说，好多机会是来自无心插柳的尝试，随后发酵成为生活或事业的惊喜。

机会不会主动告诉你去把握它，它会"易容"成其他模样，有时是细节、有时是尊重、有时是大局观……机会靠近你，直到有些人抓住了，有些人不屑地走开，它才找到了自己的主人。而那些当时有太多理由走开的人，他们内心总在抱怨——为什么机会从来没有眷顾过我。

精进人生

——打造你的优质人脉圈

2017年底，我受邀担任了世界著名私立大学Johns Hopkins（约翰斯·霍普金斯大学）“商业领导力”课程的客座讲师。这是美国第一所研究型大学，也是北美顶尖大学学术联盟美国大学协会（AAU）的14所创始校之一。截至目前，学校的教员与职工共有37人获得过诺贝尔奖。作为该课邀请的首位女性讲师，我除了要分享中国的版权意识、版权交易平台的作用与意义，更要分享作为女性领导者如何在面对困难时保持信誉和沉着，以及如何建立有效的人脉、关系与资源。

“人脉和资源整合攻略”一直是大家对我的好奇之处，可谓是我接收到的询问度最高的问题。可我本身真的没有在刻意经营人脉。正在发愁怎样演讲这个主题的时候，墨子攻给我讲了这样一个故事：

某个周末，我想把一群朋友聚在一起吃一顿火锅。

首先我给做牛肉生意的A打了电话：“我打算周末办一个火锅派对，其他东西都准备好了，只缺牛肉，不知道方不方便请你带牛肉来？”“没问题！”他回答。

接着，我给有新鲜蔬菜采购渠道的B打电话：“这个周末我们一群老朋友聚聚，吃火锅，其他东西都准备好了，蔬菜可能不够，你那里蔬菜都是最新鲜的，带几样来让我们尝尝？”“那有什么问题呢，好！”他回答。

一圈联络下来，最后我打给F：“之前不是说好找个周末聚聚吗？这周末怎么样？吃火锅！食材都准备好了，这场地嘛，看来看去还是你家最有气氛，要不去你家聚？”“行啊，来来来！哈哈。”他回答。

如此，每个人虽然只贡献了一小部分，但享受到了整场火锅派对，对每个人来说，都是“赚”的。而我，你以为我什么都没提供，却占了最大便宜吗？但我难道不是提供了一张网吗？让网上的每一个结都提供了他们最擅长的东西，然后我就负责织出这张网。

这张网，就是人脉。

举两个真实例子。我在台湾出版第一本繁体书时，出版社帮我在北部安排了一场新书分享会。我心想南北各一场才圆满，可是时间紧张，书店的场地都被早早预订满档。况且，我希望举办一个别样的分享会。

于是，我想到了墨子攻，打电话向他借了一艘游艇，解决了场地问题。很荣幸，他还安排他们公司的区域总经理帮我开船。与此同时，我又打电话给一位电视台的总监朋友，他帮我联络了台湾四大报的记者。至于主持人，我发信息给一位学姐，她欣然答应来主持活动。出版社帮我发布通知给读者。最终，我只是打扮得美美地出席，其他“食材”都由拥有专业资源的朋友们帮忙搞定。

我的母校“第十届”世界嘉年华由上海校友会举办，这嘉年华有20年历史，两年举办一次。这一次，从北加州、南加州、纽约、吉隆坡、墨尔本、台北、高雄、香港、温哥华等地专程飞来了近500位Chengchi University（台湾政治大学）校友参加盛典，我很荣幸地担任了晚宴的主持人。整场嘉年华为期两周，包含了观光、游船、旅行和晚会，被誉为史上规模最大、办得最好的一届。

嘉年华盛典圆满结束的第二天，我询问校友会秘书长找了哪家公关公司，因为我正好要承办一个很重要的活动，想找好的公关公司配合。秘书长听后哈哈大笑，说：“公关公司就是我们自己的校友义工团队啊，除了旅行找了××旅行社之外，其他的所有环节包括晚宴都是校友们自己搞定的。”接着，她向我举例：“拿晚宴来说，导演ST学长是某全球知名的日本大型综合性跨国企业集团高管，负责过好多次该公司新产品发布会；负责礼品的N学姐是某全球领先的支付公司的高管；负责财务的M学姐，是某台资银行的高管；负责场控的A学长是某著名食品公司的资深公关经理；负责管所有人员就位时间的我，是前空军少校……你说这个规格，哪个公关公司有？”

确实如此，这次嘉年华盛典规模庞大，规划有序，然而义工团队的校友们太厉害，热心于分工合作、机动补位互助……终于把盛典办得如此漂亮。这就是一场资源整合的范例!

《红楼梦》里有句话：“好风凭借力，送我上青云。”我在创业过程中，对此更有心得。都说“人”是最难的，契合的人才真是十分难求。所以，身边有那种厉害又靠谱的好朋友，是一件多么幸运的事，当你要办一场“嘉年华”，发现即刻能找到这些人，把整个台搭起来；当你找到了“那个人”，他/她只要在那里，就让人有种瞬间“安心”的感觉。资源整合，就仿佛一场嘉年华，是参与者的狂欢。

自律通往优秀，优秀吸引人脉

我钟爱喝红茶，专注品一样东西就像专注做一件事，越深刻，发精致。

从“饮茶”这个兴趣中，我发现一件有趣的事——同样的茶叶，用不同的水泡，味道相差甚远。哪怕是顶级红茶，遭遇到普通的水，也无法显出本味，难以沁人心脾。

这说明，决定你境界的往往不仅在你本身，也在于你身边的环境。你身边都是绅士，你自然知道怎么给女士开车门；你身边都是暴徒，你恐怕也会忍不住给看不惯的人一拳。

人生如品茶，再优秀的人长期和乌合之众在一起，也终将褪去优秀，沦为乌合之众。纵然“优秀”，也只是和乌合之众相比而言的优秀，又能够优秀到哪里去呢？所谓“出淤泥而不染，濯清涟而不妖”，那着实考验莲花的品格，也考验莲花不被“同化”的坚毅，然而，你首选必须是莲！就像茶得是好茶，不然哪怕是好水，又能好喝到哪里去?金子才会发光，铁只会生锈。所以，人很重要，到一个能让你施展才华与光芒的优异环境，也很重要。

我们一直在说远离“垃圾人”，你若是抱着当传教士的心态，希望能够感化他们，恐怕会心有余而力不足，因为这样的人太多了。很多人甚至不知道自己已经积聚了太多负能量，保持和其他负能量的人交流、相处，互相感染，就像慢性病，平时不显山不露水，突然病发时却极具危害。

若想最大限度远离“垃圾人”，其实最好的方法是赶紧找个方向提升，结交一些“正常人”，渐渐迁移自己的圈子。圈子层次越高，人的普遍素质和生活品质也越高。

在我的第一本书里，我说：你有什么样的智慧和底蕴，才可以吸引配得上这样智慧和底蕴的机会与伴侣。

在我的第二本书里，我说：你想拥有什么样的智慧和底蕴，就争取进入一个具备如此智慧和底蕴的圈子。

所谓“物以类聚，人以群分”，你到底想要和怎么样的人为伍？相信在这个问题之下，你能想到的一定都是褒义词，善良、有才、有爱、有思想……归根结底，你希望结交的都是优秀的人。这里既然专门讲人脉，就意味着已经把“朋友”从人脉里分离出来看待了。“朋友”的意义是无关人脉的，当然有些朋友的价值是超出人脉的，但“朋友”不是我谈论的重点。

人脉资源是需要分辨的。有些人拥有你没有的长处或者你所需的东西，且又有合作的机会或意愿，那这些人就是你的资源。

不要只要别人有钱就把他当人脉，钱是他的，为什么分给你？开豪车，在你面前晃悠一圈，再用十足马力扬长而去，徒留你对着飞扬尘土中消失的车屁股把那半句话的恭维咽回肚子里的人，之所以要与你有一丝联系，往往只是为了从你的眼神里获得他即将烧光的虚荣罢了，而有此虚荣补给需求的有钱人往往精神贫瘠，若非如此，那么你应该是有他能用得上的地方。

合作是一种利益的交换，即我拿你需要的东西交换我需要的东西，如果交换的结果明显是失去比得到得多，大幅度失衡，那谁会去交换？

真正的上流社会，是一个不断扩大的圈子，圈子里都是牛人，互通有无共享资源，抗跌性强。社会学常用的“二八定律”可以大致认为：全社会80%的资源掌握在20%的人手里，也就是如果这20%的人互相认识，大家可以在圈子里完成大部分的资源交换，你拿他需要的东西和他换你需要的东西，解决各自的需要，搭好各自的盘子，然后去赚那80%的人的钱，听起来很残酷。

每个人都跟你说：“人脉很重要。”人脉到底重要在哪儿？我认为主要体现在两点：直接的好处和间接的益处。

直接的好处，指给你那些对你有直接帮助的资源。举演艺圈的例子，演员A通过编剧B认识导演C后，演了C的新电视剧；新人歌手D因为和当红歌手E同属一个公司，公司安排D上节目宣传新专辑时，让E“友情”助阵。再举个职场的例子，很多大型外商企业招人喜爱用“内部推荐”的方式，就是公司会列出一些空缺岗位，让内部员工推荐认识的人才。

都说21世纪的竞争是人才的竞争，越英明的管理者越懂这个道理，“外举不避仇，内举不避亲”，企业相信自己的员工最能推荐出与企业文化相合、与岗位需求相符的人选，而且推荐成功的员工还能获得公司的奖励。

间接的益处，指你拥有怎样的人脉，会影响你在外界旁观者眼中的地位。比如看到你经常和某位厉害的人物在一起，也许你和他只是碰巧在相同的活动中屡屡遇见罢了，但外人拿不准你们的熟悉度，要对付你之前至少也会有所顾忌。再举个演艺圈的例子，小演员A和大明星B是闺蜜，某次一个导演找上门，想让A在新剧中演女二号，前提是A必须邀到B在此剧中客串个角色……明明所有人都知道，导演之意根本不在于女二号是谁，而是关心能否请到B友情客串，可谁会在乎这些呢？结果就是虽然A没有主动去寻求演出机会，可演出机会还是落到了她头上。

正应了那句话：“一个人的身价可以用他周围最亲密的三个朋友的身价来评估。”

人脉网，所谓“网”，一定是有“点”有“线”。点，是指个体；线，是指连接。在讲“点”之前，先说说我看到过的很多有意思的“线”。

有一位舞蹈家，我经常能看到他在各阶层的活动表演后，晒出和活动中一些名人名媛的合影。如果这是一张商界网络，那他成不了“点”，尽管我本人非常欣赏他的舞蹈才华。那么他是人脉网中的“线”吗？恐怕那线是很脆弱的。因为在大人物眼中，他不具备介绍关联方认识的本事，他是叫不动那些人的，所以这样的关系是weak relationship（弱连接），浮在表面，我称这些为“合照”型人脉，就像理发店贴满了首席发型师和诸多明星的合影，或者餐厅墙上挂着名人们曾经来吃过饭的照片……这些可以证明也许首席发型师能剪出厉害的发型，也许这家餐厅饭菜味道极好，也许你相当有舞蹈才华……但从认识那些人到实际派上用场，中间还有很大距离。

另一位是某校商科班的主任，念到博士，挂了很多头衔：这家公司的董事，那家公司的顾问。人脉很广，大家想认识哪方面的人，就请他牵线，他也有能介绍关联方认识的本事。他是“线”，但仅停留在“线”上。他的风格有点浑水摸鱼，想哪边都沾上一点、分到一份，又不肯用心经营一块属于自己的东西。周围的人也不傻，炖好一餐美味且营养丰富的“佛跳墙”不是件容易的事，谁愿意你只是介绍给我一点关系，就让你在我的盘子里分那么大杯羹？更何况，那些关系对你来说都是弱连接，介绍只是一个动作，真正产生合作全靠自己。如果你的介绍具有强作用，那自然需要回馈给你相应分量的回报。如果我的耕耘，是促成合作的除认识以外的全部，那你怎么好意思要求占大头？就像教授帮自己的学生写了研究所的推荐信，学生是该感恩的，但如果教授说：你如愿进了这所大学后，前途肯定非常好，毕业后的第一份工作，我要享有你年薪10%的回报，这就不合理了。

我属于乐于介绍关联方认识且鼓励他们直接交流的人，假设那个盘子我自认没办法参与，就不想因一己私利耽误了人家好好合作，这也节省了自己的时间和精力，君子有成人之美。那位主任就是太把人脉当回事了，不理解关系网中真正的价值所在，所以，年近半百也没创造什么财富。因为人脉本身是不变现的，必须有载体，而那个载体必须是你的，才能把变现的主要部分归你。

所以，要享有人脉的价值，纯作为“线”是不够的，你自己必须也是其中的一个“点”。就像你必须是好茶，人生才会好喝。

在回答同学们关于how to build such a strong professional

network（如何建立强的专业型人脉网络）问题时，我说的是：Be a better you（成为更好的你）。我补充道：只有你足够出色，才能让出色的人给你时间，看着你，听你说。

人所拥有的社会地位也是那个道理：弱国无外交。

常有人希望我能把×××的联系方式给他/她，那种理所当然的索求让我有些尴尬。尴尬不是因为介绍不了，而是因为他/她当面提出了这样的要求，让我不能隔着屏幕闪躲。话虽如此，我其实也能理解他们，被现实逼迫得极度需求资源时自然顾不上那么多了。

尽管理解，但我还是会直言不讳：就算把他的联系方式给你也没有用啊，他不会回的。就算回，也是“嗯嗯”“好啊，有机会合作”，然后这个头像就会一直沉寂在联络表中，并没有什么意义。

推荐工作、介绍对象也是如此，推荐人或介绍人有再强的人脉关系，也不会把不匹配的人推荐给与之差距很大的企业或者异性，把这样的人推荐过去又如何？结果只是一方觉得浪费时间，另一方觉得备受打击，两面不讨好，反而显得推荐人或介绍人太轻率。

我的专长是做品牌、策划、营销。我选择接受的项目，往往是那些注重打造输出端本身价值的，而不是一味推销的。个人以为，产品销售，靠“吸”比靠“推”酷多了。假如每个人都是自己的产品，常有人向你推销他自己，虽然勇气和企图心值得赏识，但总是逼着你买，你只会烦不胜烦。

所以，要想真正进入更高级的圈子，人脉是没有用的，还得自己有能力。掌握越多别人所没有的东西，越能创造自己的稀缺性，你的价值才越大，人脉才能被催化。

关于社会地位，虽然说，人活着未必需要去理会周围人的意见，不要随意让周围人的意见对你造成主观上的影响。但是，一个人对自己的定位有时是模糊不清的，这个时候，就可以从周围的朋友或者陌生人的眼中来反观自己——我究竟处在什么位置。

比如有人自觉是圈子里的重要人物，结果一号召，没人听他的。说话没有分量，可见他其实没有地位。比如有些朋友觉得自己厉害得不得了，但无论怎么跳槽，一直拿不到他心目中的报酬，那可能就是他的自我估量高于他本身的价值。反过来，如果一个人去企业应聘，提了工资要求，老板觉得他完全可以开比这高很多的工资，觉得他的水平和能创造的价值远不止于此，就说明此人过于低估自己。所以，当你的“自我的认知”和“市场对你的认知”有差距时，就要重新思考这差距是为什么而产生的。是因为你的实力没有完全展现，让别人不够了解你，还是你太谦虚了？要知道，如果周围的人八成都认为你没有那么好，那么你可能真的要反思自己，检视自己，让自己变得更好。

曾听一位商学院教授分享：一个人的年纪、智慧及见识越多，就越有influencing power（影响力）：“当你的popularity and reputation （美誉度和知名度）好到让其他人佩服和欣赏你，无形中便拥有了参照性权利。”百度百科对此是这样解释的：参照性权利是指对拥有理想的资源或个人特质的人的认同而形成的权力。如果景仰一个人到了要模仿他的行为和态度的地步，那么这个人对你就拥有了参照性权利。这就是大家常说的各领域的KOL[关键意见领袖（Key Opinion Leader）]。

乔布斯说：“Stay hungry, stay foolish.”其实，只要人

继续在成长进步中，身边越来越聚集优秀的人，一定会求知若饥、谦卑若愚的我身边有太多太多厉害的人了，多到我根本无暇让自己满足于那一丁点微不足道的成绩。虽然我很自信，但任何形式都不是重点，别光看表面，外在自信，内在有敬畏之心才是正确的处世态度，反之就是矫情。

除了识别自己在市场中的位置，还有一项也很重要，即识别你的资源到底是不是自己的。

你要分清，你的资源是不是基于独立个体，脱离任何平台或背景而存在的。可以这样问自己，一般别人介绍你，会说："她叫××，是畅销书作家哦。""他叫××，是文化领意产品领域的专家哦。"还是会说："他叫××，是××公司的副总裁。""他叫××，是××公司的××总监。"

人脉若来自你的个人特质，即才华、学识、人品、个人魅力、精神共鸣等等的吸引，则是相对稳固的，是strong relationship（强连接），欣赏大于利益，可能已上升到友谊了。如果你的资源是基于平台，如家庭、工作，那么也许这些资源会随着变化而自然消失。这就是为什么会有"人走茶凉"，甚至好多人还没走，就已经几乎被打入冷宫了。

但这种情况也有例外：

（1）基于平台发生，而以个人魅力维系、渗透，进而升华，长久。

（2）基于平台建立，离开平台还有后续合作、联结。

还是那句话：要么够优秀、要么够魅力，资源才是自己的，不是认识就叫人脉。

一个人发展前景的好坏，大致可以通过这么几个指标判断：努力、人品、能力、人缘、口碑、资源……当然这几项指标的比重不同。其中，人品和努力是靠自己，人缘和口碑是靠积累，能力既靠天分也靠锻炼，资源却与之皆不同，幸运的人一出生就有许多别人望尘莫及的资源，而有些人则需要靠后天奋斗与积攒。

至于“努力”，不多加解释，如果不知道努力是什么，那根本就不会看书，如果不知道要如何努力，那便太适合看书了。“人品”大概就是指为人光明磊落还是阴险狡诈，是君子还是小人，是道德感重的人还是在道德边缘游走、善于打擦边球或者压根就没有道德的人。“努力”和“人品”的选择都在自己手中。天生的“能力”是礼物，其他的“能力”靠“努力”弥补。

“人缘”某种程度上跟性格有关，一个人开朗、热情、为人讨喜、爱交朋友，自然广结善缘。一个人孤僻、冷傲、独来独往、不爱交流，就算人不坏，别人也难以走近。

“口碑”往往是“为人处世”留给别人的印象，就是你除了有好的“人品”，也“努力”之外，有“能力”把事情做好，而不是一天到晚掉链子，这样的人口碑基本也差不到哪里去。

“资源”，如果你有富有的爸妈、当官的亲戚、有权有势的男友，那你也许可以轻松许多。如果没有，那就得自己去寻，自己去攒。而资源收集的过程，必经人脉通道。

优质的环境，让自律事半功倍

我们为什么要好好读书，难道只是为了考进好的大学吗？只是为了毕业后找一份好工作吗？这太简单了。

知识层面暂且不论，如果你考进一所末流学校，绝大多数同学在毕业后成为“找工作困难户”，就算勉强就业，月薪也少得可怜。你身边优秀的人少之又少，你又如何保证自己能出类拔萃，脱颖而出？

你在名校，身边的同学们大部分都很自律，个个都是精英。试想毕业10年后，众多知名企业的高管都是你同学，那是什么感觉？你若有才华，那时你也定会有一番作为；若是才华普通，但人缘颇佳，为人值得信任，那些同学也会帮助你、提携你，因为优秀的人总是互相帮助，抱团成长的。比如英国威廉王子与凯特王妃，是圣安德鲁斯大学的同窗，前英国首相的内阁成员多数皆为中学与大学的同学。同学情、校友圈，是一条极佳的人脉通道。

优质的环境和圈子，让自律变得更加容易，优秀自然水到渠成。

我母校的商学院在台湾学术界的地位举足轻重，师资力量非常强大，校友资源非常丰富。在这里念MBA的两年，除了受到很系统的知识教育，更习得理论结合实务。这全仰赖老师深厚的教学功力。“所谓大学者，非谓有大楼之谓也，有大师之谓也。”我还认识了许多优秀的学长、学姐和同学，大家不但在学业上互相答疑解惑，在小组作业中分工合作，在课外的真实商场中也互相支持，可以说，好的进修，投资回报率是极高的。

我MBA的同学对自己来进修的期许大致有四条：拥有学历、增长知识、发展人脉、获得机会。归根结底，其实就是一个目的——希望在事业上有更好的发展。

一年过去，我问了几个同学，你们的期许实现得如何？他们的反应告诉我，貌似不像入学时期望得那么顺利。

对于以上几项期许，我真心觉得“拥有学历”不值一提，因为那是最基本的。

对于“增长知识”，专业知识多多少少学到了一些，学到的程度和课程中投入的用心程度成正比。当然，研究生的学习比大学的学习要精实得多，同学们的学习态度也更认真，尤其是对名校学生来说，研究生的课程都是用“认真到可怕”的态度在对待，而那些已经有工作经验，回到校园读研的，更是珍惜这段学生生涯。加上职场经验告诉他们，自己哪些方面的知识需要补足，有的放矢地进行学习，专业知识的增长是必然的事。

至于“获得机会”，我通过长期观察，发现你离实现梦想那么遥远，不是因为你不够努力，而是机会从你身边走过，你却没有认出它。如何获得机会，我给出的建议是：假如你没有慧眼，就多试！

要多做一些事，多认识一些人。你不知道机会藏在哪里，多试可以增加概率，就算试错了，也能学到东西，100件事里总有一件会是你的机会！每次说到机会，我就想举“拍照片”的例子：你拍了100张照片，总能找到一张满意的吧？如果你真的懒到只肯拍两三张，又一定要从中挑出媲美杂志封面的照片，那不是强人所难吗？

上面说到多认识一些人，也就引出了大家觉得最难攻克的事——“人脉的建立”。

曾看过一场TED演讲的视频，国外的一位资深MBA教授说道：“我发现很多学生常常跟着习惯走，总习惯与最熟悉的人一起，坐在最常坐的位置，整整一个学期都是如此。这样做是有风险的，当他们离开学校，步入社会，他们很可能只认识很少的人，而这些人和他们都很像，这就浪费了接触国际化、多样化关系网的机会。”

日常生活中，这很常见，也很好理解，与自己相似的人在一起，让我们感到自在。可是当我们遇到困难时怎么办？当我们需要新的点子时怎么办？当我们想换个工作，或者需要新的资源时怎么办？这时，就是我们为小圈子付出代价的时刻。平时经常和你在一起的人，他认识的人你也认识，直到当你遇见一位陌生人，他很有可能就是你打开社交大门的通行证。所以，这位教授时常鼓励学生观察整个教室，找寻让他觉得最无趣、最不想与之交谈的人，然后下课时和他交流。这项练习是为了强迫自己接触不想接触的人，拓宽社交圈，出现许多意外而惊喜的碰撞。

哈佛大学对这个项目进行了研究，让大一新生不能选择自己的室友，所以这些室友可能是不同种族、来自不同国家的人。这一开始可能让人不舒服，但令人惊讶的是，一年之后，同学们能够克服不适，并且发现和其他人深层次的共同点。

我的“人脉吸纳能力”在母校是有目共睹的，以至于学长学姐、同届的同学、学弟学妹们经常问我同一个问题：你是怎么认识那些人的?

商学院往往都有设置MBA和EMBA，两者有什么区别呢？MBA一般称为企业管理硕士或工商管理硕士，EMBA一般称为高阶企管硕士或高阶管理硕士。这两者差别就在于“Executive”。多了这个“Executive”，降低了报考者过往学业成绩的要求和外语门槛，但增加了对职位和社会地位的要求。就读EMBA，至少需拥有7年工作经验，有名的商学院甚至要求工作经验必须在10年以上，其中包括不低于5年的管理职位经验。所以，EMBA几乎都是大企业的高级管理人或者上市公司的老总，也就是所谓“C字辈”的人。这些前辈，自然也是对人脉有需求的MBA学生最想认识的。

人脉，不能只停留在认识上，但一切得从认识开始。

台湾的Facebook渗透率几乎是全球第一。虽然都是社交平台，但Facebook还是有别于大陆的微博和微信。

微信除了用于联络以外，还有“朋友圈”的功能，虽然像微博、Facebook那样都是用来分享生活方式的，但三者差异不小。微信朋友圈属于隐私性最好的，很符合“低调派”的胃口。而对于“高调爱秀”的人来说，微信朋友圈也不失为一个“炫成绩”的好平台，结婚的、生娃的、升职的、致富的都不忘到这里来公布。晒的内容是真是假不得而知，是不是只对你可见也不得而知，大家评论了什么也不得而知。说白了，完全是自导自演、自己做主的一个舞台。

微博是一个公开平台，一旦选择发布微博，相当于同时选择了那条帖子的无隐私性。任何人只要想看，都可以看到那条帖子。有多少人关注你，你关注了多少人，哪些人评论、哪些人点赞，都是公开的。所以微博渐渐成为名人明星宣传、表达的最直接平台，也成为推广、造势的最佳渠道。

而Facebook是一个几乎没有秘密的社交平台，方方面面的功能十分强大，晒生活的一面和微信朋友圈类似，但一旦成为Facebook好友，就基本上把自己陷入了一个无限扩大的社交圈，Facebook会不断通过后台大数据找到与你可能相关的人，并把他/她推荐给你。你晒的一切尽在“好友们”眼底，哪怕设置了“部分好友可见”，那些看到的好友也可以通过帖子上的标记，知道你做了这样的设置，知道你那条帖子并不是每个好友都看得到。你可以看到你和你的Facebook好友之间有多少个“共同好友”。

它很好地诠释了六度人脉关系理论：地球上所有人都可以通过六层以内的熟人链和任何其他人联系起来。也就是说，最多通过6个人，你就能够认识世界上任何一个陌生人。

人类发明的一切工具，对优秀的人而言，都是可以最大程度到用的。我通过在Facebook上的一篇帖子，引发一些EMBA学长、学姐留言交流，正好他们的一次下午茶聚会，主题和我那条帖子相关，其中一位主事学长便邀请我参加。那时我入学大概两个月，什么事都是新鲜的，听说是EMBA的聚会，就欣然赴约，到那里才知道，那是母校EMBA与浙江大学EMBA的交流会。

多年来，学校只有我一个上海生源，这算是一个“差异化”的身份，我写过一篇文章，叫《最有利的竞争力是差异化》。在场的大部分人都和我家乡的人有生意往来，共同话题自然不少，得知我还是一个出过书的作者，他们便对我更感兴趣，交谈甚欢。浙大EMBA学长、学姐拿着茶点过来，加入我们的话题时，在座的学长、学姐们还会指着我说："她祖籍是浙江的哦。"接着，我又被大伙邀请参加了晚宴。

网络是个秀场，所以，你在社交平台上展现的形象，就是你对外输出的形象。也许这个形象是真实的你，也许是你营造出来的，是你的人设。我个人觉得，营造出来一个完全虚假的样子不现实、不长久，真实反而更可爱。

有一位毕业后离开校园很久的学长，在Facebook上认识了我，因为好奇，专程绕道来看望我，我当时正在一家西班牙餐厅参加一场交接晚宴，于是和这位学长在晚宴开始前聊了一小时。后来，他成为我在台湾发行的第一本书里，所有插画的亲手绘制者和提供者，他也是某著名食品集团的董事长。

要成为圈子里有分量的人，总得自己有成绩。比如，我曾联合三位EMBA学长、学姐组队，参加全台湾EMBA商管杯竞赛。也许是巧合，这竞赛办了那么多年，唯独我们那一届允许MBA的学生报名。当时MBA的同学们得知这个比赛并不能带来学分，没人想花费时间，我却报了名。

参赛后发现，大家都动了真格，处理繁忙公务之余还要抽空来开个案研讨会，熬夜讨论，为应该采用什么方案争得面红耳赤。大家都想得到名次，这不是奖金的问题，而是关乎这些企业高层或者企业主，代表学校参赛的荣誉感问题。作为小学妹，在这种组合中，我并不是没有发挥余地。学长、学姐们都是商界资深人士，在某些观点上争论不下，不但互相下不了台，也会浪费时间。我心里对那个争议点有倾向的解决方案，于是用看似稚嫩的连问，让学长自己发现逻辑漏洞，从而无须站队，使学姐的观点生效，继续讨论下一问题。如此，保留了所有人的颜面，不伤和气，也解决了难题。

正式提交队名时，队长，也就是那位学长，提议用我的本名作为队名。

比赛前一天，报告预演，学姐没发挥好，队长把我拉到一旁，希望我能在正式比赛中代替她演讲。我看学姐花了一个多礼拜练习，非常重视这次比赛，于是说："别担心，学姐可以的。若是有不足，她演讲完还有问答环节，还可以补救。这部分我会处理好，请放心。"

正式比赛当天，台湾几乎所有大学的EMBA参赛队伍都齐聚一堂。学姐越发紧张，连水都不敢喝。我对她说："你讲得很好啊，真的，只要照着PPT，自信地报告完就行了。"

结果，我们拿了冠军。

很多年后，我遭遇了一些事，学姐在我最低潮的时候鼎力相助，当时我们一起站在她家的天台上，看着远处的晚霞，她说："其实你改变了我。小时候，我转学，老师让我做自我介绍，我一时间沉默，被她当着全班同学的面嘲笑。所以我后来都不敢在公开场合演讲。那场个案竞赛，我很紧张，差点想换角，但又真的很珍惜那次机会，想让同学们也能看到我的风采。幸好你鼓励了我，相信我能行。我真的做到了。从你身上，我看到了女孩子该有的样子，懂得打扮自己，精致而自律。之前EMBA的'春酒'和'秋赏'，我的服饰搭配发给你，你都给我建议和肯定，让我变得开朗许多，真的。"我愣了一下，其实比赛前夕，我想的是：我从来不缺舞台，就算这次没有，也会有下次，应该把舞台留给更需要的人。

可见，体贴收人心。

我和EMBA学长、学姐们的相处，其实并非如有些MBA

同学想象中的那样。我没那么功利，我和他们是平等的，只是我工作年资比他们短，但并不比他们大部分人差。如果MBA的同学们总以高攀的视角看待学长、学姐，只能说明还是底气不足。要么就是能力不足，要么就是心态不足。

有一个有趣的现象，关于台湾朋友说大陆朋友有“狼性”，至少我MBA的同学觉得我脑门上刻着“企图心”三个字。我虽然外在不强势，甚至有点呆萌，但目的性强，知道自己要什么，然后就去拿到，不废话，不纠结。我大学毕业进的第一家公司的集团高管是这么评价我的：“You are my friend who is maybe not the best but has a lot energy and knows what you want. I know you and I’m proud that I know you.”（你不是我朋友里最优秀的，却拥有能量并且了解自己想要什么。我了解你并以此为傲。）

在这里插入一个上海姑娘眼里的台湾吧。好像来自由行的人都对台湾赞誉有加，来念过书的却有种说不出的忧伤，且听我娓娓道来。

从走近到走进，我一直用心观察着台湾。既是旁观者，又身临其中，以客观体味它的内涵，以细腻感受它的细腻。在我眼里，上海是个30岁出头、年轻有为的小伙儿，而台湾则像一个将近50岁深刻且富有韵味的老男人。那山、那水、那丝丝入扣的文化底蕴，还有那群纯朴善良、彬彬有礼的台湾居民……在一次电视台文化交流脱口秀栏目录制中，我曾分别用一个词形容上海和台湾给我的感受，上海是“繁华”，台湾是“沉淀”。乍一看，上海的摩登、时髦、国际化让很多喜爱闯荡的年轻人流连忘返。快节奏的都市生活，让很多人还来不及打招呼就已经转身陌路，有时候只是想说声谢谢，羞怯地说不出口，一回头，已经忘记因何心存感恩。

我很喜欢一部分台湾人常说的这两个字——感恩，比感谢要厚重。其实台湾人是一直把“谢谢”挂在嘴边的，无论你帮没帮他们，但凡一句话说完，总是以“谢谢”结尾，台湾人自己也有认知：“我们台湾最大的风景就是——人。”

初到台湾，会被古旧的外表所欺骗。旧并不代表破烂，就像长者脸上的皱纹，反而是种阅历。古旧是因为城市里有好多年过半百，甚至超过百年的建筑。别看这些建筑年纪大，但身体好得很。台湾地震多发，6、7级地震是常有的，但那些建筑震前震后几乎一个样。只是地震的时候，山上别去，怕山崩，毕竟山不是人建的，它有自然界的脾气。不过哪怕发生了山崩，之后人们的作为就极大程度上体现了当地人的素质。在一些山崩易发地带，那些山靠近山路的一边都会被人用绿色的超级大网包起来，山的姿态还傲然可见，却给了车辆、行人很大的保障。

整个台湾的面积大概6个上海那么大，差不多1/3个浙江，但总人口和上海的常住人口差不多，甚至还少一些。台北有点像上海，是台湾的工商业中心，全台湾规模最大的公司、企业、银行、商店都把总部设在这里。但是没有上海那么发达，更确切地说他比较像上了年纪的上海，也是国际都市，但稳重很多。高雄是台湾南部的经济及交通中心，有点像深圳，都是南部的发达城市。台中有点杭州的感觉，云端漫步般惬意，很适合生活。

别看台湾面积不大，这里北中南之间的感觉和大陆北中南之间的地域差别差不多。就像我们觉得出了上海就是去外地，他们也是如此。台北人没什么事儿一般不南下，南部的人一般也不爱北上，觉得台北人不够热情，称台北人为“天龙国人”。台中人居住在他们的中部，去高雄办事，感觉像出了远门，算出差。城市人们之间的陌生感不亚于广州人去了北京，苏州人去了昆明，西安人来了上海。

台北很热闹，也非常便捷。除了101，鲜有像上海那样的摩天大楼。捷运四通八达，去很多景点甚至出站就到，几乎不用走路。台湾人对于距离的概念和大陆人不同，比如问路，一开始有人回答说：“哇，那很远哎！”会让我心里一惊，可真的走路，手机里没放完三首歌就到了。我想是因为台湾太小了，所以我们认为的近距离在他们眼中已经很远了。相反的，台湾人来大陆，总是被我们口中说的“很近”困惑。例如有个朋友说他来上海的一次经历，问人家“××地方怎么走？”得到回答：“噢，很近，沿着×××路一直走就到了。”结果，那位台湾朋友走了半个小时，他不敢相信×××路竟然是一条那么“长”的路。

在台北去哪里都很方便，一下捷运，就是淡水码头。它以前只是个传统的小渔港、如今拥有美轮美奂的浮动码头的它成了著名的景点。在淡水老街，闲庭信步，手里拿着老街的台湾美食，映衬落日余晖，简直是活脱脱的一幅渔港风情，仿佛一曲《涛声依旧》。

台北西门町是重要的消费商圈，年轻人的必到之地。除了美食，在这里还可以发掘若隐若现的流行风向标。每到周末，西门町便热闹非凡，演唱会、签唱会、唱片首卖会、各种电影宣传、街头表演……电影《向左走向右走》中，梁咏琪寻找金城武的场景就是在西门町；林青霞也是在西门町逛街的时候被星探发掘的。所以，西门町在我眼里也是个“星工场”。

我是做文化创意的，台湾的文创产品真是可圈可点，光音乐实力就沉淀了很多年。台湾真可谓“宝”岛，那么小一片土壤，产出那么多高质量的原创音乐，也难怪成为全亚洲向世界输出音乐的窗口。相对来说，在台湾要见到明星真的很容易，尤其是在台北。周末，基本都能在书店碰到一些作家、音乐人或是刚发行新书的艺人开讲座。也正是因为这样，我觉得自己和明星很近，说不定我也可以成为某个领域的明星。我喜欢这样的感觉。

Motel（汽车旅馆）在台湾并不是一个让人抬不起头的词，而是一种文化——摩铁文化。去Motel只需要把车暂停在门口，摇下车窗付钱登记后，把车开到专属车库，由车库直接进入房间。房间基本具备了星级酒店拥有的一切东西，贴心的是，房里的自助式小吧台一般都是免费的，供应热茶、咖啡、能量饮料及小点心。每个房间各有主题，不同风格的主题设计营造出浪漫、情趣、休闲的意境，如古堡传奇、法式浪漫、外太空、高科技炫动、舞娘、夜上海、小桥流水……，不同的风格有不同的配置，喷泉水池、卡拉OK、观星天窗、按摩浴缸等等。实话说，我挺喜欢Motel的，因为它绝对私密，自由自在，空气中弥漫着迷人的馨香气味，是一个心灵与身体对话的地方。由于好多Motel房间都是100平方米左右或更大，所以台湾人赋予了Motel更多的功能，如邀一群好友聚会，在房间唱歌，在房间的泳池游泳……

在台湾，很容易找到书店，有像诚品那样文艺气息很重的，也有大型百货公司楼上的，是个很鼓励发展文化的地方。所以哪怕烦恼喧嚣的时刻，都有一处洗心之所可以让你沉静安心。诚品令人钦佩的地方就是它不仅是书店，还是结合人文、艺术、观光与生活机能的购物中心。因书店而“生”，所以整个购物中心都是静静的，充满了文艺味儿。这里的衣服、鞋子、眼镜……都很文艺地在那里静候它的伯乐。现在大陆的一、二线城市也如雨后春笋般冒出许多文艺气息十足的书店，这实在是一个好现象。我很喜欢周末到这样的书店来，捧一本书，坐在落地窗边，悠闲地看书，这让我的内心很平静。书店里还有音乐馆，琳琅满目的文具、食品干货……关键是那么多东西，一点都没有杂乱之感，反而错落有致，那些简单的东西都显得特别有“气质”。诚品书店里还有画廊，我之前在那里跟美国老师学画画，放松之余就可以轻松学会绘画手法，画出像模像样的作品。

台湾也有让我不习惯的地方，如路边的垃圾桶个数不像上海的那么多，有时我拿着空饮料瓶，走好长一段路都看不到一个垃圾桶，只得继续拿着，直到走进一家店，拜托店员帮我扔一下。虽然如此，台湾的大街小巷却很干净。每天都会有垃圾车在固定时间响着《致爱丽丝》的音乐勤快地驶来，垃圾车一到，居民和店家就会把提前分类好的垃圾交给垃圾车收运。这就是台湾的“垃圾不落地”行动。我这个外乡人过了好几个月，才终于搞明白哪些垃圾属于哪一类。

台湾只有台北和高雄两个城市有捷运。捷运就是我们常说的“地铁”，台湾的捷运有个规定——不能在里面吃东西。所以如果你有没吃完的半口蛋糕，无论如何要吞下再进捷运，不然恐怕要拿着那口蛋糕坚持到目的地了。

在台湾生活，是慢步调的。高山青，天水蓝，什么时候突然兴起，就开车到山里。它距市中心并不远，有一个多小时车程。然后在酒店房间里倚窗泡温泉，看山，看竹，看天，看炊烟。清晨的空气散发着芬芳，水嫩嫩的，这时再品尝些山中野味，人生可谓美满……

常有台湾朋友感叹：“台湾太安逸了，缺少拼搏精神。”我认为一方水土养一方人，理解台湾人，要从理解他们的成长环境、文化背景开始。不能说安逸不好，要看自己要什么。如果我要最踏实的幸福，可能还是要靠自己奋斗。是否有“狼性”，要看周围都是谁，假如都是狼，大家心态上都差不多，就拼实力和运气；假如都是绵羊，狼自然会显得格外突出。

我也遇到了很多优秀的台湾年轻人，他们很珍惜来大陆看看的机会，当交换生、实习工作。他们对大陆如今的面貌感慨万千，正用更多努力习得拼搏精神。越是缺乏资源，越是珍惜机会。

我曾被一位台湾同学的生活态度打动。那些只在电影中看过的情节，却真真实实地发生在她身上。母亲赌博欠债，被债主追上门泼油漆，跑了；父亲酗酒患癌，在她读高中时撒手人寰。她从小与双胞胎妹妹相依为命。我听着她若无其事地描述着她的童年，然后她说出一句：“我终有一天要出人头地，让那些看不起我的人瞧瞧。”她大学时，问亲戚们借钱，去南美当交换生，保证一定会打工把钱还上。因为她相信：相比自怨自艾，多出去看世界，多认识些人，多接触些机会，才是改变命运的正确选择。

我不知道她现在怎么样了，但我相信，就像她把自己送进了Chengchi University 念MBA，将来无论遇到什么、选择什么，她都会努力找到资源，奋斗得到她要的东西。

Chengchi University的校友情谊非常深，区别于有些名校较多的个人英雄主义，Chengchi University显示出真正的“亲爱精诚”，共享才能收获，大气方能卓越。我乐于真诚输出与奉献，这张大网络自然也在无声无息中记录下点点滴滴，在我需要的时刻，悉数回馈，虽然我并无此刻意期待。

我在过去的文章里，已经跟大家分享过“五分钟建立人脉”，这里不再赘述。其实很简单：“不管在哪里，在什么场合，只要自己有才华，总能够有好的际遇。不必攀龙附凤，不用矫揉造作，无需虚伪迎合。有心，就永远都不嫌晚。”借用一位微博名人说的话：一个人的一生就是让自己不断变得值钱的过程，不断变得值钱就意味着自身不断进步。在一个市场化的社会里，每一个人都有自己的定价，如果你值钱了，讨价还价的机会就多，工作的机会就多，升迁的机会就多，让生命自由的机会也就增多。

如果你既没考进好的学校，也没有幸运地被父母送进好的学校，又没有能力把你的孩子送进好的学校，那么你必须另外找人脉通道。

你是小白领，期望升职？那就试着多参加一些职业分享会、管理类的课程和培训、书友会……那里有很多有上进心的小白领。“你是制造业的？我也是！”“你是传媒界的？我也是！”“你们那里最近有财务主管的空缺吗？”“哎，我朋友的公司正想找个采购经理，你感不感兴趣？”“你说我该接受外派两年再回来吗？老板的意思是两年后回来可以给我升职。”……

你是创业者，希望拓展业务？也许可以试着加入一些创业交流会、峰会，听听奋斗着的人们都面临着什么困境和机遇。哪些困难自己已经遇到过了，克服了，可以把经验分享给别人，获取好感；哪些困难自己正在经历，说出来，大家站在不同的角度出出主意，思路开阔了，也许就豁然开朗了；哪些困难自己还没有碰到，用心记好大家的分享体会，可以让自己少走弯路。或是去峰会听听现在的经济形势，成功者的辛酸路，休息的时候和同仁交流一下，也许一些正发愁的点就被理顺了，甚至可能找到志同道合的队友。再或者去展会，看看行业内的动向如何，最近有什么新品，是不是有哪家公司想换供应商……

你是生意人，需要商机？那就试着去浙江商会、四川商会……那里有很多需要商机的生意人。你是卖空调的，他是卖衣服的，你把需要买衣服的朋友的电话留给他，他也会把需要买空调的朋友的电话留给你。做成一单生意，再请对方吃个饭，有来有往，信息不断，水到渠成。

你想要修炼自己，不窝在一寸地里当井底之蛙，想看看世界上的其他人都在干些什么，那你可以去一些读书会，和很多想提升内在的人一起修炼。如果你已经厌倦身边的电脑族，想要找和你一样潇洒走四方的朋友，那你可以去网上发掘“驴友”，来场说走就走的旅行；或者参加高尔夫俱乐部、红酒俱乐部、健身俱乐部、舞蹈社、绘画班……找到拥有共同兴趣的朋友们。

交流，在路上；情义，在路上……

美国有一项有趣的调查，社会经济地位高和地位低的两组人，在正常状态下，社会经济地位低的人对社交较活跃，喜欢去认识更多人。但是，当这两组人同时接收到他们可能失去工作的信号，一旦受这个信号影响，这两组人开始构建的社交网络便完全不同。社会经济地位低的人倾向于接触更少的人，多元化程度降低，也许只和亲密关系者如父母和自己家的狗相处。而社会经济地位高的人会考虑更多的人和更宽的社交圈，他们认定自己会不惧困难，重新振作。

回想一下，当你遭遇低落和脆弱的时候，你是怎么做的？如果是封闭自己，那就会让自己产生盲点，钻牛角尖，看不见自己拥有的资源，看不到朋友，看不到机会。

我不觉得自己经济地位高，但看到这项调查的时候，回忆起自己低潮期做的事情，感慨颇多。那时生活状态突然发生改变，一段长期恋情突然终止（但我一定要补充说明，我和前任至今仍然是朋友，他关于事业和感情的困扰偶尔还会打电话咨询我，我们分开正是因为觉得我们最适合的关系就是“朋友”），我发现我可能需要重新“完全依靠自己”，大约有20天，我完全从Facebook和朋友圈消失，不想让朋友们的关心干扰我本就一片混沌的大脑和内心，看似好像封闭自己，其实并没有，当时我还做了一件事，现在想来还挺佩服自己。我翻出两年来收到的所有EMBA学长、学姐的名片，一张一张筛选，最后选出5张，一个一个打电话，询问是否有合作的可能。这个做法和那项调查最后给出的建议颇为吻合。所以，一个人拥有怎样的机遇，是否有机会翻转人生，还是要看自身的人设、意愿和选择。

常到陌生圈子走动，会有意外收获。人脉，前提是有人，窝在家里的沙发上，当然不可能认识什么人。你必须走出去，见识多元，开阔视野，寻得同伴，彼此有信念，互相是人脉。

自律的敌人，是“明日复明日”

李嘉诚的红粉知己周凯旋女士说：“要想成为优秀的人，就应该聪明如狐狸，单纯似鸽子。”这句话我非常欣赏，为人处世不正应该如此吗？做事的时候需要洞察力、眼光、智慧、魄力，但待人方面又要真实、有诚意，不能总是工于心计。这样，才能收获对方的信任和坦诚。

人脉是种资源，所以要用心投资。可很多人态度和方法用错，成了投机，一旦被发现，信誉度就会崩塌，便会得不偿失。

一个几乎不联系的故人给我发微信：“童，我现在很生气，想找个人说说。为什么有些人，我曾经把她当朋友，什么心事都和她说，结果她却当谈资去和别人吹牛？”

这段话的主人叫Minnie，我的一位初中同学，同校不同班，以前还在玩开心网的时候，她加过我好友。后来听同学说，Minnie看了我在网上的一些照片分享，向我同班同学打听，还顺便酸了几句。好几年之后，一次校友聚会，她和我在真实世界里结识，说我本人和她想象中的不一样，希望今后能和我多交流。

虽说多交流，但平时几乎没联络，毕竟大家都忙于各自的生活，不打扰也是种贴心和懂事。如此突然发微信给我，想必是当真需要我的倾听，我便关心道："怎么了？"

"有一件事，我只和她一个人说起过，今天我却从第二个人口中听到，居然还是人尽皆知的样子。"接着，Minnie把那个女生传播的对她不利的内容告诉了我。说完，她接着说："我们从小一起长大，可她每次都出卖我，不是第一次了。以前觉得大家年纪小不懂事，现在看来是改不了了。"

我回："既然这样，就不要理她了。"

"可她现在还是我的同事，传得单位都知道。"

我没有再回，因为我实在无暇顾及太多人的生活。

第二天，微信又不期而至："她们两个的朋友圈我看不到了，被骂的那个可以理解，另一个简直可笑。"

我问："怎么会有两个？"

"一个是昨天我跟你说的，另一个也是我同事，由于我们是一个镇的，以前就认识。她们肯定在背后讲了我很多事情。其中一个可能是觉得我知道太多她的秘密了吧，所以干脆也把我屏蔽了！”

我没有接她的话，对故事来龙去脉不知也不想深究，没有办法接她的话。

后来有一天，一位同学约下午茶，我想着几年没见老同学了，正好回上海，就赴约了。到了咖啡厅，Minnie也在。聊着聊着，她突然说了一句：“童，为什么你的身份证是上海××区的？”然后丢给我一个意犹未尽的眼神，仿佛在说——瞧，我很有路子的，能查到你的身份证……因为我目前的身份证上早就不是那个地址了，所以××区这个信息，应该是从系统里查出来的，我知道有些机构的系统里还没有更新。

她眼神中的得意还未散尽，我笑了：“哈哈，已经不是那个地址了。”然后补充道，“其实，你所看到的我，就是我本人真实的样子。所以无论从哪里得到我的什么信息，都不会让你意外。”言下之意就是——我没什么好查的，就是这样的人。

通过这两件事，Minnie的交友习惯可见一斑。

可想而知，虽然我几年来没有任何表态，她发来的东西我也最多做出礼貌性回应，但心里肯定不认为她属于我的“朋友”范畴。在她眼里，她对朋友一直很好，朋友们却个个背叛，都是别人对不起她。我没有办法苟同——“吸引力”在自身，你具不具备磁场，吸引什么样的人，都在自己。你想对朋友“关心”，不去正面了解，而是背后做小动作，妄想靠抓对方把柄而维系“友谊”是不可能的。友谊就是友谊，不是利益交换。

我挺怕应付这些人，正如孔子那句话：“唯女子与小人为难养也，近之则不逊，远之则怨。”确实如此，尤其是后半句，不禁叫人感叹：能有此洞见与总结力，真不愧为圣贤。这里顺便给大家提句善意的醒：君子坦荡荡，小人长戚戚。自己做人做事坦荡，便不怕被别人抓把柄。我一再强调这句话，实为经验之谈，终有一天你会庆幸，坦荡到没有人能用任何把柄威胁到你，是一件多么潇洒的事。我还想再加一句劝言：千万别做回不了头的事。

有一类人，他既想接近你，又看不得你好。Minnie可以说是事业、婚姻、交友都在低谷的人，长期呈现的状态就是三个字——不如意。一切就像是连锁反应：青春时不努力，造就不佳的学历，逃不开小市民圈子，奉子成婚，又不甘心和现在的老公在一起，每天在鸡毛蒜皮中蹉跎岁月又无力改变。

我曾开玩笑地对她说：“偶尔看看励志书挺好的，那些不一定是鸡汤，也许会让你对生活有新的灵感。”我只是觉得若想摆脱令人不满的现实，唯一的途径就是先把自己修炼好，找对方向，再去逆袭。谁知她答：“唉，我还要带小孩，哪里有时间看书啊。”

从前她在网上做了一份“什么行业最适合你”的测试，测试结果中有一项是“作家”，于是截图给我，说：“我不去当作家真是太可惜了。”只有一声叹息。

你觉得你可以，那就去做，只做“言语的巨人，行动的矮子”，到最后也只是浪费生命。

想到就去做的执行力，是通向成功的起点。自律的敌人，永远是“明日复明日”。

学会借助外力克服拖延

人脉只是外力，芯是你自己。刹车比喇叭重要，相信别人不如相信自己。更何况许多事情没人能帮你，如个人修炼。而在修炼成功之前，有人想帮你都无能为力，甚至恨铁不成钢。

你有许多出版界知名的朋友，他们愿意帮你出版和宣传，但是写书本身要靠你自己。写书的过程没有外人以为的落笔成章，从框架到逻辑，从表达到案例，无不需要静心和烧脑。创作不是容易的，可什么事是容易的呢？

墨子攻经过一个月的闭关，拿到高级基金资格，即将成立私募基金，丰富他财务集团的各业务线。那个月，他工作之余的时间都在闭关，放弃各种吃喝玩乐，直到考出来那一刻，打电话给我："我成功了。"才开始呼朋唤友庆祝。可见，他真的具备内在纪律和自控力。

这不比学生时代的考试，什么都不用做，专注复习和备考即可。成年人的闭关，是在工作的精实与辛苦之余，牺牲掉空余时间，而有些人的空余时间也并非自己能掌控的，如被塞满了数不尽的应酬。所以，这里的闭关，还包括自制力、专注力、对时间管理的周到，以及对非必要社交的拒绝。

对墨子攻来说，金融、游艇方面的人脉和资源已然非常深厚，但别人在导入之前，自己也要具备接收的条件。就像有人要倒给你一杯82年的拉菲，但你只有纸杯，人家便无能为力。倒在纸杯里给你，你品不出拉菲的口感，也是白白浪费。

有句话叫“最可怕的是，比你优秀的人，比你还努力”。这是真的，而且是循环印证真相：努力，变得更优秀，在更优秀的圈子，主观和客观环境都要求他更努力，于是他又更优秀……

就像有人所有业余时间都宅在家里看韩剧，大结局哭两次，关了电脑，出了门，跟你吃饭，说想换份工作，问你能不能推荐一下。有人一学期都在玩，上课睡觉，从来不知道从图书馆的落地玻璃窗看出去的风景有多美好，考试前临时抱佛脚，考了59分，踏破教授的门哀求可不可以让他及格。

现在才着急，那你早干吗去了？

拖延症？知道自己习惯拖延，一下子生不出10万字，那可以每天写一点。村上春树写书40年，为了专注，常旅居海外写小说，逃避国内不必要的社交以及媒体和粉丝们的打扰。他规定自己每天写4000字，完成才可以“下班”。

积累的价值往往在实践中被忽视，这方面的经验可以分享一下我写研究生毕业论文和写这本书的感受差异。对于毕业论文，我在研一下学期的时候基本上就确定了研究方向，相当于我有一年的时间可以用来查阅文献、与教授讨论、列架构、做调研……然而，我什么都没干，一本女性创业的书跟着我，像模像样地飞到法国再飞回来，只被翻了十几页。

前期怀揣着对论文的愧疚，最后3个月变成了焦虑——我该怎么办？面对可能会延迟毕业的窘境，只能放手一搏！于是，那3个月，我几乎干不了别的事，每天熬夜写，最终写出了一本了“我若更早投入时间做好准备应该会写得更好”的论文。我不敢想象再经历一遍，每每回忆，都庆幸自己终于熬过了。

写这本书的计划，在我出版第二本书后就萌生了。虽然拖延症一直无法让自己静坐案前下笔，但“第三本书很快会出来”的念头一直在心中，所以一旦生活中有素材，便随即记录在手机里。当然，我也偶尔会把这个念头对外宣布，于是读者粉丝们常期待这本书在当年会发，结果我几次悄无声息地修正了“很快”的定义。

当我真正伏案写作时，本以为是个巨大的工程，像再次把自己架到了半山腰、上山吃力下山也不容易的境地。谁知，只整理了一遍素材，居然已有60000字，仿佛一半已经完成般惊喜。虽然这60000字，在顾全整本书的架构时，被狠狠地精修到40000字，但这已经比从0开始生产要快多了。那些零零散散的随手记，变成了一本书的基础，真是“量变到质变”！

所谓“Deadline是最强生产力”，为了让自己的能量得以激发，我在写到差不多80000字时，与出版社签约，定出准确完稿日期，让自己没有退路，借助外力克服拖延症。

“现在才发现，那你早干吗去了？”这句话，我还要问那些“个人发展受阻时归咎于资源受限、无人伸援手，却不从自身找原因”的人。

学历这件事，我知道一旦拿出来说，肯定会招来许多相左的声音。首先，我承认学历不代表一切，“高学历一定如何，低学历一定不能如何”的偏见肯定是不对的。其次，我要说一下“大概率事件”和“被选择”。

创投圈，对于初创项目，商业模式会随着验证变化，所以早期投资，看人——创始人及核心团队。投资人在挑选创始人时是有潜规则的：

（1）看学历。学历，代表学习能力和校友圈子。

（2）看经历。待过什么样的企业，做过什么项目，有没有带过人。原因是，这代表投资人投你，你会不会花钱，会不会乱花钱，会不会精准花钱。

当然，除了看学历、经历外还要看很多方面，但学历至少反映出一个“大概率”观念，就像《逻辑思维》有一期说到“专业”和“业余”的区别：“核心观点是一个，一个领域的专业人士不见得水平能比业余能高出多少，关键是发挥稳定。就像一个高水平的大夫，不是说他能治好其他人治不好的病，而是在于他的治疗效果是稳定的、可以预期的。专业人员背后的所有训练，都是为了达成这个目标。”

我曾在微博上看过一位创业明星的话：80后、90后的年轻人里，学历特别高而无能的，一定有，但是小概率。学历特别差而能力强的，一定有，但是概率更小。

我曾遇到过这样的调侃："拜托你别在我面前爆英文单词好伐，我学历不高，听不懂。"你学历不高，思维逻辑和处事能力与大家有落差，就应该去想办法精进学习；你英文不好，听不懂老板和同事们的表达，就应该去想办法练习英语听力，或者虚心求教，让大家解释给你听，而不是让大家配合你。

有这样一则新闻，一位因撤销收费站而失去工作的收费员说："我今年36岁了，我的青春都交给收费站了，我现在啥都不会，也学不了什么东西了。"

世上总有工作岗位会被淘汰，只有自己学着不被替代，为自己增加价值，才会有更多保障。

若是对自己能力的要求，能像对职位以及薪资的要求那般有野心，可能才会真正消除"野心与才华"之间的落差，长此以往，能力与野心自然就匹配了，自然会到达一个平衡点。当能力超过野心，野心会增长，寻求更能施展的舞台。当能力配不上野心，要么降低期望值，要么黯然离开。

完美逆袭

——你如何过一天，就如何过一生

选择：信息社会，最重要的能力是删繁就简

一、不要听情绪

“我觉得他的态度让人很讨厌。”公司的一位同事在电话里抱怨。

我问：“他不愿意帮忙处理？”

“他愿意，只是超爱摆谱。”

“愿意就行了，快放掉情绪，处理下一件事。”

我确实觉得没必要纠结于情绪，你勉强别人花时间和精力帮忙，对方也帮你解决了问题。他态度好，帮了你，你心存感恩。他态度不好，帮了你，你还怨。他帮忙的行为已经发生，已经付出，他态度不好，吃亏的也是他。

一件事被你用各种方法处理完毕，应该是高兴的，如果

因别人的态度影响了你的情绪，耽误了下一件事的效率，这个时候，吃亏的就是你了。

有些人很需要身份感，态度居高临下，但那是他的事。他实际做了对你有利的事还是对你不利的事才与你有关！

有人堆着笑脸却拒绝了你，有人骂骂咧咧却保护了你，哪个是你该感恩的那一个？所以不要听情绪，情绪是一时的，也许他在忙，也许他在焦虑，也许他刚生完一场气，重要的事情有没有完成。

二、行为才是真相

观察一个人，不要听他说了什么，要看他做了什么。因为说话是没有成本的，行动才是有成本的。

说“we are family”的人不一定是自己的家人，比如有一个企业主，总把“我们是大家庭”挂在嘴边，行为上却不拿员工利益当回事，能压榨一点是一点。他的公司有个现象——员工流动率非常高，留不住人才。因为当人才还没进公司的时候，那位企业主觉得该人才真是宝贝，当人才出于对产品的看好及考虑到与一些高管的交情愿意进公司任职，企业主便不觉得那人才有多难得了。其实这反映了一个潜藏心理：一个企业主如果总是觉得外面的人比自己公司的人好，只能说明一点，他骨子里觉得优秀的人是不会去他的公司的。

说得能够比唱得好，而行为才是真相。她说她不怕晒黑却在晴天打伞，他说他很爱他女朋友却发了长长的暧昧信息给你，这些言语都不是以证明他是怎样的人行为才能说明一切。

三、理由不重要

“Cici，你问问看Y老师那里可不可以办证照？”

Cici打完电话，回复我说：“Y老师说不能办，因为那个证照现在都不让办了。”

我回：“可前两天我还听朋友说他刚办完。Y老师的话，你只需要听懂‘他那里不能办’这层意思就行，不用听理由。因为如果他拒绝你，他不一定会直白地告诉你他办不了，他会告诉你其他理由，以表明不是他的能力或者他的意愿问题，但你不是那个领域的，无法验证那理由是否真实。所以，听结果就行，理由不重要。如果你信了这个理由，就意味着不会再去求证，也就是放弃。你再问问其他机构，看谁能处理？”

一个人没有做成功一件事，理由不重要，那理由可能是说给外人听的，也可能是说给自己听的。但是，不要对说给别人听的理由信以为真。你无法跟别人说，你把一笔单子掉了是因为自己谈判时没发挥好，所以找了个理由说“客户短期不需要”。这让你度过了眼前的“被质疑”“被处罚”，然而，要长期生存，你还是要靠习得好的谈判能力。因为事情的结果不会永远陪你演戏。

四、原因很重要

别人无法做成的事情，你做成了，是什么原因？

别人大概率都能做成的事，你却失败了，是什么原因？

找原因，是分析能力、归纳总结能力的修炼。

一位企业老板困惑地问我："明明我们拥有那么好的产品，为什么没有人买？"

那么多年，他一直在变，产品不断修改，还没正式向市场推出1.0版本，就已经改版四五次，所以市售的产品版本繁多、功能不定、质量不稳。他不愿在品牌推广上花钱，工程师出身的他，无法理解品牌的意义。然而，实际推广产品的过程中，是无法避免推广品牌的。于是，他每次花一点，但始终是蜻蜓点水，没起到什么作用。而这一点一滴的花销累积起来，数目却已经不小。这就好比有些女性的心态，舍不得买好的护肤品，瓶瓶罐罐的便宜货放满架，加起来的钱，其实可以买好几套高档保养品了，但水嫩嫩的皮肤在廉价产品带来的心理安慰中已经一去不复返。

当时我问那位企业老板："有没有什么风靡的产品，是你既叫不出它的公司名也叫不出品牌名的？这样的所谓智能产品，圈内要低成本模仿太容易了，是不是？如果那家知名的对手公司要出同样的产品，是不是很容易？他们不行动，是觉得市场不好还是觉得根本不着急？因为就算你拿两三个亿的实践证明了市场很好，他们随便出一款，是不是立刻就抢过来了？因为他们有很强的品牌知名度，是不是？我最近在研习IP打造，有一句话叫‘产品质量要好，不然IP推得越快越广，死得越快。’”

他说：“那家知名的对手公司已经推广了类似产品，但是没有做××功能。”

我接着问：“那你知道他们为什么不做××功能吗？是觉得根本不需要还是先不做，如果觉得不需要，那又是为什么？我知道当我说出这句话的时候，你的团队中肯定有人要拿亚马逊CEO的话来回击，‘别总盯着竞争对手’。但是，人家说这话是有前提的。而且，了解那家知名公司为什么不做什么，有意义的地方不仅在于竞争分析，而且在于你们通过了解他们的思路而免费得到了市场情报。我们都了解，‘一个企业活下来以后，若要再长大，它的选择往往不是它多做了什么，而是它不做什么’。有时，追溯原因的过程，是为了找到行为的逻辑。”

任何人、事、物都是动态变化的，包括门口那棵大树，更何况竞争态势。我曾操盘过一个项目，一个月后，原本的掌舵人一直以为他还是老大，殊不知一个月可以发生很多事，局面早改变了。

一些知名人士今天讲了什么跟你并没有多大关系，知道在什么前提下讲了什么才比较重要。断章取义，即是逻辑不严密。很多人阅读都只看一半，甚至一半都不到，抓到自己想看的一句话，也许只是标题，就用自己的理解填充完了全部。那样的阅读方式到底是长进还是会拖垮你的思维呢?

五、抓重点

抓重点，代表提示时间效率和精准使力。

有的时候做成一单生意的关键，不在于你找到了对方公司的老大，而在于你是不是找到了那个“关键人”。

你研发产品，希望在现有的会使手酸的钻机上进行改良，生产出一把钻多少孔都不会手酸的钻机。等你研发成功，售价100元，却发现没人买。因为人们有了一把10块钱的尖头仪器，可以在多种材质上钻出孔来。你做了无用功，因为你搞错了重点——人们需要的是“孔”，而不是“钻机”。

抓重点，在于清楚“要什么”和“怎么得到”。

曾有男士问我一位女性朋友："你不是喜欢我吧？你只是出于征服欲。"

朋友与我喝着下午茶，说起这件事，把刚拿到嘴边的马卡龙放下，哭笑不得地对我说："我，一个过了30岁的女人，期待在3年内有一个自己的宝宝。每天工作忙到爆，征服欲？我哪有空。征服是攻克，攻克什么呢？攻克一个不喜欢自己的男人？意义是什么呢？这和'我要的'相违背啊，因为我要的就是一个喜欢我的人啊。你觉得我是会花时间和精力在无谓的征服欲上的人吗？"

我曾在一场演讲中，回答同学们关于"女性领导者如何在面对困难时保持信誉和沉着"的问题，我延展开去，讲了女性在人生和职场中可能会面临的诱惑，也说了我的选择。如果说年轻时有很多试错的本钱，我还是那个建议："至少不去做那些回不了头的事。"

有人拿"诱惑"说事，如犯了错的男人会把罪过推给"酒后乱性"，可逻辑是不通的。你明知道有可能酒后乱性，为什么要去喝那杯酒？许多你认为不可能做到的事情，对那些自制力极强的人来说都是可能的。他们清醒，该追求的不犹豫，该克制的不放纵。

如果你对未来还有要求，倒推回来，也许你不知道自己现在该做什么，但至少你该知道自己不该做什么。

有时我们会觉得自己深明大义、理智懂事地做了个选择。但是，我们真的有的选吗？因为你对自己有要求，你对未来有要求。

聪明是一种天赋，善良是一种选择。

漫长人生路，散列到日常的每一天，需要抓重点。当然，并非是让大家不去欣赏沿途的美，在美好事物中陶醉沉浸本就可以作为重点。哪些不是重点？个人觉得，是那些无法带给你增值的事，如高速上偶遇喜欢与人赛车的少年，对你竖起中指说："你会不会开车，跟龟速一样。"你居然大飙脏话，还真的开始加足马力……又如你明明多看一遍资料，就可以轻易通过明天上司的测验，可你偏偏带了小抄……再如你只需要花10分钟就可以帮助别人，可却花了半小时跟对方解释你确实很忙……

你的时间、精力和资源都是有限的。例如，作为创业导师，你面前站着两个人，一个是天生的创业者，需要花100万元帮他渡过难关；另一个完全没有创业者素质，他需要10万元实现从0到1，应选择帮助谁呢？当然是前者，因为你知道，这100万元花下去，他的弹跳会更高。而那10万元，一旦投了，十有八九等于扔掉。

如此纷杂的社会，理解多元价值观存在，理解“存在即合理”就好。但聊不到一起的人，也不必强求，不在一个逻辑圈，不可能抓住重点。

我的一个朋友重新定义了“势利”，如不把时间浪费在不重要的人和事上。从褒义的角度看，还是在说抓重点：你是否知道自己要什么？怎么得到？哪些人在这个过程中是关键人物？哪些事情才是重点？

六、说重点

Hannah给Parry打电话：“Hi，Parry，我跟你说一件事，

就是本来不是定了你在13:30开始给新任部门经理培训吗？现在……喂？喂？我听不清……”

信号断了，她重新打了一遍：“Hi，Parry，刚才断了，现在能听清吗？噢，能的对吧，好，是这样的，不是本来定了你在下午……喂？喂？哎哟！又有杂音了，算了，算了，我发短信给你好了。”

她挂了电话，Parry估计是没听清后面的话，便拨了过来，Hannah又说：“噢，刚才信号太差，本来打算给你发短信了。是这样的，刚才是想跟你说关于今天下午的培训，本来你的时间不是定在13:30吗？现在是这样，Kiki下午有重要的客户要接待，他给部门经理的培训打算放到14:00，所以要麻烦你中午早点吃饭，因为你的时间改在……喂？喂？噢！！！你的手机有问题呀，又有杂音了，真是的！”

电话又断了，Parry再次拨过来，Hannah再说：“Parry，你那里信号太差了，每次都是一开始清楚，后来就有杂音。是这样的，下午Kiki有事要早走，他想把他培训的时间放在14:00，原本你不是定在13:30给人家培训吗？想跟你商量一下，改在13:00开始可以吗？这样你的部分还是讲一个小时。”她终于在手机杂音出来之前把话说清楚了！

这是真实发生的事，整个过程被我听得一清二楚，我走到Hannah面前，说："我等了10分钟，才听到你说出重点。"

就像电视剧中常见的情景，一个人受重伤，临死前说："杀我的人是……杀我的人是……杀我的……呃……"最终也未说出凶手的名字。很多人讲话都是如此，开场说了很多，但就是说不到重点。

Hannah在一打通电话时就应抓住重点，直接对Parry说："Parry，不好意思，下午你的培训时间改在了13∶00，麻烦提前做好准备。"

大家都很忙，没时间听你的铺垫，所以请说重点。

从容：慢慢来，有时比较快

一、要相信专业

你没上场，最烦的却是你。

曾有位民营企业老板，每天都很忙，指导程序员如何编程、指导市场部如何写文案、指导设计师如何画出好的产品图……后来，CTO（首席技术官）走了，市场总监走了，首席设计师也走了……

如果刘邦不善用人才，让人才发挥专长，什么事都自己来，那应该很难成为汉高祖，倒是很有可能被累死。

用人不疑，疑人不用。这个“不疑”，指的是不怀疑他的人品，也不怀疑他的能力。因为用不用这个人，是前期的工作，应在选人时做出判断。而选定以后，应该有一定范畴的放权，让他在总体战略下充分发挥才智。如果他没有做出让你满意的事迹，只能说明你没选对人。此时你可以选择留用但让他接受更多训练（假如他是可造之材），也可以选择换人。

观棋不语真君子。你不是他，不知道博弈者的真正路数。指导前，可以先问，也许听完答案之后，你就觉得之前是自己浅薄了。

为了不显出自己的“浅薄”，带领团队时，在我了解的他们的能力范围以内，一般我最常说的是三个字：“听你的。”实践表明，我每每一说完这三个字，听话者的眼睛会立刻闪起光，仿佛受到莫大的信赖、尊重和器重，接着会超预期地完成任务，以不辜负期待。但要注意，前提是“在我了解的他们的能力范围以内”，因为对一些能力实在不足的，放权可能会把你和他都毁了。相较于什么都要管，和谁都要较劲，对自己招募而来的人才都要指手画脚的管理者来说，我可以说是非常“懒”：你能办好，就交给你；办不好要早点说，大家一起想解决方案。

当然我希望别人对我也是如此。我对合伙人常说的一句话是：“我们要互信，即彼此相信对方的智商、情商、能力、品位，以及态度。”有这层互信存在，可以免掉不少唇舌解释，因为解释耗时，耗精力，而且可能很难解释清楚。有人说：“被误解是表达者的宿命。”我认为，互信能够弥补许多因表达不足而引起的误解。

二、别着急发表意见

“It takes two years to learn to speak, and a lifetime to learn to shut up.（两年学说话，一生学闭嘴。）”

和别人讨论问题，你要不要先开口？

我这么问，你们肯定会回答我：“不要。”

可实际上，你真的能做到不先开口吗？很多人都喜欢大谈特谈自己的观点，非得把对方说服不可。

我之前带领团队搞品牌建设，其中大大小小的策划方案、营销创意，在头脑风暴时，就算我已有了很棒的点子，也不会先开口。因为我是负责人，我的想法可能会影响到团队的思路和创新，使之先入为主。先让他们畅想畅言，也许他们能带我走进新大陆！

说话就像对弈，先走的那个人既抢占先机，也暴露路线。选择抢占先机还是避免暴露路线，你得根据自己的能耐来决定。

一次，和中欧商学院的师生们晚餐，许多同学互相都不认识，自我介绍的时候，我出去接了个电话，错过了这个环节。接着，一位EMBA学长给同桌的MBA学弟、学妹们分享起创业心得，说到有感触的点，我忍不住发出共鸣：“是的！”他诧异地转头看我，然后他回过神继续，话题延展开去，有一位MBA学弟需要投资帮助，我想到正好有朋友可以帮他，就回应他这部分可以怎么操作。EMBA学长再次看我，故意惊呼状：“啊，我最怕你这样的人了，像个什么都不懂的高中生坐在那里，居然一开口就要吓死人。”当然学长是谦虚的玩笑话，我也并没有厉害到能吓到他，智慧的他只是表达了一种现象：在还没有搞清楚在场的都有谁之前，先不着急说话。

还有一些人自带“热场”功能，一冷场，他们就想抢救。其实，并非所有场合都需要热。比如历史上的鸿门宴、杯酒释兵权、煮酒论英雄……还没搞清楚场合的主人是谁、该场合的目的是什么，一动不如一静，有些场合要的就是那种“隐形”的大侠，大隐隐于市。

除了别着急发表意见，也别急着下定论。

对周遭的人和事，由于我很怕别人在不了解事情来龙去脉的情况下就对我做出判断和评论，所以，在充分了解一件事前，我也不会妄论。充分了解一件事，未必是了解它的全部，而是正确掌握能够对事态做出判断的关键信息。我也不太爱给别人或者别人的事去定性、下结论，除非当事人将事情全盘告知我，以求咨询建议。

好几年前听过一位朋友的苦恼，当时他想换工作。我询问原因，他说了这样几个场景：

他作为刚进公司两个多月的员工，参加了一个讨论会，轮到他发言时，经理显得不怎么情愿听，总是跨过他听别人的观点，眼神也鲜有停驻在他身上。

他去敲一位同事办公室的门，刚进门的一刹那："Hi，Mike……"还没等他说什么，Mike的表情立刻绷紧，微微皱起眉。在随后的沟通中，尽管他表明来意，但Mike还是对他说的每一句话都有隐约的抵触，一副"你懂什么，我真的好忙，拜托快点说完"的表情。

是的，他们在他讲话以前，已经先入为主，有了"这样一个新人一定带不来价值"的观念，自然没有耐心再听他要说什么。这种情况的产生往往不是对方太自信，就是太不相信你。

结果，几个月后，他居然没离职，原因是在一次项目研讨中，从新加坡来的亚太区总监逐一听取各部门的建议，这位朋友的见解有充分依据支撑且经过严谨分析，从其他那些不痛不痒的观点中脱颖而出。

由此可以看出，管理者至少应该给他人一次机会，听他表达清楚。

三、说话做事前，先搞清楚状况

我有一次去参加会议快迟到了，因路上堵，又叫不到车，便去搭地铁，朋友让他司机到地铁口接我。司机找了20分钟找不到路，很是气愤。接到我后，回头看了一眼，见我素颜，穿着休闲装，背个双肩包，便开始发脾气，问我干吗不走到另外一个出口等。我淡淡地说：“专心开车，不要说话。”司机更气愤：“我不能说话？那你滚下去。”我便闭目休息，不予理会。开完会回程时，准备上车，朋友下意识把他的主人位置让给了我，自己绕到左边上车。司机再也没说过话，也不敢回头看我。

有一次我去北京出差，有个“深刻群”聚餐，那时我还是新人，对群友们不了解。餐桌上聊得很热闹，友人问：“你之前两本书是什么出版社出的？”我想了一下，那两家出版社都挺知名的，便开玩笑般地脱口而出：“说出来吓死你们。”结果全桌人哈哈大笑，因为坐在最边上默默吃着面的友人，就是中国最大的线上图书商城的联合创办人。自那以后，我在群里多了个绰号，叫“吓死你”。当然朋友们并不会真心嘲笑我，只是亲昵地开玩笑。

初中同学Cherry在一家外企的基层岗位工作，人很单纯，经常犯迷糊，还容易对事物过度解读。同学聚会，自由茶歇时，她讲述了她和她部门同事Ada的故事，还不客气地冠以刺耳的称呼。

“Ada很精，只挑对自己有利的说。上班路上花的时间明明只有15分钟，硬说要半个小时。”

“工程师填错单子，之前开会说好不给改，让重填。可是工程师说：‘为什么Ada能改，你这里不能？’所以工程师都跟Ada交好，这改单的事虽然小但容易得罪人，我想想不好，最后就装了个傻也给他改了。”

“Ada老是踩着我们凸显自己。”

“Ada老是说自己忙，我看她一点都不忙。”

“Ada之前养了只小比熊，宠得噢！从来不让它进笼子的，养成了个刁狗！”

“我跟你们说，我觉得跟Ada交好的人都不太喜欢我，你们说这是什么道理？以前都很好的。”

总之，从Cherry的表述来看：Ada阴险，总是在背后搞事情，有时会暗算她。可不知为何，同事们都那么喜欢Ada。而她却在公司发展无望，正在找新的工作。

我问："你得罪过她吗？"

Cherry回答："梁子是做助理的时候结下的。我是2009年毕业的，从2008年开始在公司实习，那时我们俩都是助理，而且同年，我们互相在竞争。我当时一心想被留用，总归有些时候要做得出彩……"

我边听边不自觉地想象她们共事的画面。

她继续说："她2009年毕业就转正了，而我在毕业一年后，也就是2010年才转正。"

听到这里，我大概懂了。梁子可能不是做助理的时候结下的，而是转正的时候结下的。至于到底是谁把谁当眼中钉，也无须我再多言了。

她继续倒苦水："2008年、2009年经济形势很弱，当时人事冻结，她等不及，去找高层，一个大专文凭居然就转正了！后来我才知道，原来那个高层是她的亲戚！怪不得之前我跟主管说她工作出错，主管都没有说她！以前老板觉得我事情多，肯定是她总在老板面前说我。我刚转正的时候天天加班到10点，麻烦事情当然多了。"

我听完很惊讶："你树敌之前，也不先搞清楚对方是谁啊？"

她搞不清状况的表现还在于：她陷进了不平衡心态里，然而人家其实根本不拿她当对手。

我：“你毕业后还继续在那边实习？”

Cherry：“嗯，实习了半年，也转正了。所以她恨死我了，机会好得让她嫉妒。”

我：“不同岗位？”

Cherry：“一样。不过我是本科毕业。”

我：“岗位一样那她干吗恨你？”

Cherry：“她转正半年就升职了，大家都很震惊。好不容易高我一头，可以差遣我了，可我转正后没几个月，又跟她平起平坐了。”

Cherry描述的主观意味和个人色彩太浓了，我当下劝她：“眼光放高，不要总把注意力放在Ada身上了。你对手的级别决定了你的级别。”为了不戳破她其实活在自己给自己竖的假想敌里的事实，我便顺着说：“别管Ada了，她要是一直盯着你不放，也太幼稚了。她要是有脑子，应该盯上面的位置，外企薪资福利都跟级别挂钩。否则只会一直停留在绕不开的基层小斗中，根本走不出、跑不远、爬不高。”其实这话是说给Cherry听的，不过她并没有明白。

四、管住嘴

看过我前几本书的朋友知道，我不喜欢拥有三种特质的人——常抱怨、包打听、废话多。前两项，大多苦的是自己，而“废话多”，波及的是别人。“碎嘴”，会让人忍不住想把封条贴到他们嘴上。

一句话，传过10个人，注定面目全非。你明知道复述会走样，更何况源头还不一定对，为什么要加入谣言传播者行列？若那消息对你有影响，难道不应该成为“求证者”，让谣言便止于智者吗？有时我宁愿相信，传谣者要么是意识不到利害关系，要么就是别有用心。

我在之前投资的一个项目中，曾因为一位重要领导碎嘴的习惯找他谈话。他任意揣测高层们的心意，听风就是雨，还把片面所闻加上自己的理解传播给其他员工，造成军心不稳。

为了让他彻底改掉这个坏习惯，我立下铁规：你以后只需要把听到的内容原封不动地告诉我，不要加任何自己的分析和判断，也严禁传给其他人。因为，我在这个位置，信息来源比你多，我会整合所有信息，得出我自己对事情的理解，不需要你的逻辑来影响我。

还有的人讲话不经大脑，喜欢信口开河。

“请问××咖啡厅怎么走？”我下了计程车，司机说已经到了目的地附近，开不进去，巷子里得靠自己走。于是我边问人边找路。

路人很友好，想都没多想，笃定地说：“左边，一直走。快到底的时候，你再问问别人。”

“好，谢谢。”我就这么踩着高跟鞋，走在石子铺成的小路上，找了大概10分钟还没有找到，约了人快迟到，脚已经磨得疼，遇到人又问，路人答：“不在这边啦，你走反了……”

我当时的心情是闷苦的。如果一开始那位没那么笃定或者犹犹豫豫地告诉我，我可能还会找其他人复核，哪怕他直接告诉我不确定、不知道、不想说，也不至于让我白走那么多路。

特别笃定地说出一句并不笃定正确的结论，结果真的比直接拒绝还糟糕。说者无意，听者有心，听者沿着错误路线绕了一圈，还得折回来，时间和精力已经浪费，真是哑巴吃黄连，有苦不好诉。

记得在第一家公司的时候，有一年的年会交由我办。各个环节都安排好了相应的负责同事，唯独少了摄影。我当时没经验，认为拍照很简单，就去询问一位实习生愿不愿意帮忙，她自信满满，快快乐乐地答应了。整场年会，用最少的预算呈现出了最好的效果，在主桌的从德国飞来的全球CEO（首席执行官）、CMO（首席营销官）都对年会赞许有佳。年会结束，我非常期待地奔向实习生，打开相机，翻阅照片，内心不禁一阵失望，没一张能用的，一抬头，却发现那位实习生正笑嘻嘻地看着我……我只能怪自己。

这也是好事，有了这次经验，以后我对于任务的分派更加注重前期能力的认定，尤其是对于那些无法补救的任务，如活动拍照。

“Kirsten，去体检前需要先打电话预约吗？”

“不用。”Kirsten非常自信地回答我。

“你确定不用吗？”我在怀疑是不是我记错了。

她非常笃定：“不用。”

5分钟后，她查了邮件又来告诉我：“噢，要的。我帮你预约。”

“Fanny，你去问问看，办理××手续，需不需要本人到场。”

“需要的。”

“确定？”

“确定。”

因为我感觉本人到场十分麻烦，所以要求她再确认一遍：“在什么样的情况下，可以无须本人到场。不可能有人在国外，这事办不了吧？”结果得到的答案是“出具身份证明原件和授权书即可”。

不需要你说话的时候，你总是说。需要你沟通的时候，你又懒。这是很多职场新人的大毛病。

我一位学姐管理公司时，遇到员工请辞，通常会请这位想离职的员工给些对公司的建议，也鼓励他们说出真实的想离开的理由。发现十之八九跟人的相处有关系，多半是因为觉得跟平行单位或上级相处不来，从而认为自己并不适合这份工作。

“真正可惜的事情是，有才干的人对于自己所面对的人际问题却没有解决的能力。他们可能充满智慧与冲劲，但遇到和人沟通的挑战，不知为什么总是放弃得都很快，问他们为什么，得到的答案依次是：我为什么一定要沟通；我又不是主管；我不想说。他们用这种消极或负面的态度来应对自己面临的考验。其实，人活于世，每天都需要与人打交道，如果一味逃避社交逃避沟通，智慧是真的没办法变成真正的能力的，你以为你是主动离开的，事实上你是在物竞天择的情况下被淘汰而不自知而已。

沟通本来就分为对上、对下及平行等几种，没有一种是可以不会的。如果觉得对的事，注意自己的态度，勇敢地去做向上沟通，或轻声说重话地向下沟通，或真诚没芥蒂地平行沟通。方法也没那么难，试过几次没效果，就该试到成功为止，才算是学习到这门功课了。

五、提前准备，做好规划

不知在哪本书上看过这样一个观点，“复述对方的表达”可以提高沟通效率，实践发现这确实让整个流程有效率很多。

“Hi，你可否做一份方案，把艺术村的规划按照时节分四季，另外按照功能板块分为舞台剧馆、电影馆、动漫馆、主播馆等？”

很多人在听到一个指令的时候，通常会说：“好的”“没问题”，然后便开始行动。方案做完提交后，老板说：“不啊，我要的不是这样的。”于是，做了无用功。

为什么当听到指令的时候，不花30秒复核一遍？——“嗯，老板，你说的意思是不是分两个维度，一个是时间维度，设置四个主题，春、夏、秋、冬；另一个是空间维度，设置四个功能场馆？”“是的。”如此，前期这样重复一遍，虽然显得啰唆，但总比在还没有确认自己理解的一定清晰明了之前，就花费许多时间、精力和机会成本做一件也许不对的事情要好太多。

前期的复核虽然看似啰唆，浪费时间，但相比方向错误、南辕北辙造成的浪费，则不值一提。而且，你复述一遍别人的话，除了帮自己确认是否明确（因为有时我们以为自己理解了，但对方表达的可能是其他的意思。沟通与理解，不是容易的。并非人人都能表达清楚自己真正的意思，也并非人人都能听懂别人表达的意思），提高圆满执行的效率外，还能让表述方感受到被重视和尊重。

同样的，在前期仔细一些，避免粗心，多检查一遍，总好过做到最后才发现前面步骤有错，必须推倒重来，花时间、精力和资源返工要好得多。要知道，补救是需要成本的！

我特别怕听到下属说："啊，我没想到！""啊，我忘了！""啊，这事怪我，我疏忽了！"遇到这样的下属，类似的话超过三遍，我就会考虑他的去留问题。

知道自己记忆力不好，就要学会随手记，却偏偏懒得记。

知道自己转身就会忘，就要随手处理，却偏偏不及时处理。

知道自己时间管理能力差，就列清所有要处理事项的轻重缓急程度。既紧急又重要的事，放在第一位，优先处理。重要但不紧急的事，早点规划起来，按照计划逐步实行。如果一直搁置，到了临近截止期限，就会成为"既紧急又重要"，拖延症或者时间管理不当的结果就是让自己非常忙碌。紧急但不重要的事，授权别人去做，不要什么事都想自己做，不要抱着“与其花时间跟别人交代不如自己完成”的心态，也许当时你的事情很多，但别人正好有时间。对你来说，此事的优先级很低，要把排在它前面的10件事办完你才会来考虑它，但对别人来说，听完你的交代，可以立刻处理完毕。如果你没交代下去，结果当你处理完第9件事时，突然插进来新的“重要”事项，那件“紧急但不重要”的事就又会被耽搁，而且你明明知道它是“紧急”的。最后，“不紧急不重要”的事，要学会抛弃，尽量不要浪费时间。

在职场中，缺乏时间管理观念的人很多。如果没有造成实质的负面影响，不必过分追究。可若始终因改进不了的“理念缺陷”“能力缺陷”“处事逻辑缺陷”导致工作量积重难返、工作效率不佳、工作质量低下，耽误整个进度、损害多方利益……那就不是可被轻易原谅的“不小心”，而是严重的需要承担责任的“大问题”。

精致：自律的女性，是温柔地坚持

当女孩子生气的时候，男朋友怎么劝？

我们常听女生抱怨："那个人怎么能这样呢？"

男朋友哪怕心里觉得女朋友也有错，但当下要和气头上的女朋友讲道理吗？如此，女朋友恐怕立马会问："你到底站谁那一边？"然后在当下事件中把男友也列在对立面。

男朋友如果表现得更生气呢？"是啊，那个人怎么能这样，欺负人！而且欺负的是我女朋友！不能忍！"女朋友一听，多了个认知和情绪上的同盟，可能就舒缓很多，看到你气呼呼的样子，也许还会反过来安慰你，让你消消气。至于道理和"是非观"，可等大家都平静的时候讨论。

同样地，如果有人骂自己呢？遇到网友攻击，怼回去？怕是斗不过键盘侠。

以前，大众无法直接触及明星，顶多对着电视机、收音机谩骂，这些反馈大多被经纪人消化掉了，明星被隔离般地被保护和尊崇着。现在网络发达了，明星们有了自己的微博，直面大众的声音，有褒有贬，有死忠粉、脑残粉，也有无理取闹的抵毁、谩骂……越是需要自己应对的时候，越是能展现当代明星们的素质和情商。有些明星处理不当，被攻击得体无完肤，无奈退出娱乐圈。但也有些明星，因为处理得漂亮，反而化百炼钢为绕指柔。面对负面评价，处理的手段越来越高级，越能获得好感。你们骂我？我自嘲。网友中也好多性情中人，一看你自嘲，觉得你仿佛意识到了自己的不足，认为你也蛮可爱的，有些甚至路转粉。

子弹飞来，你拿盾牌挡回去，对方若是铁板，便又弹了回来，你只得再次举起盾牌……若子弹飞来，你举的是超级厚的海绵呢？子弹被吸收，在最终击中你之前，已经被海绵阻力耗尽了动能。俗语说："伸手不打笑脸人。"，就是这个意思。

人民群众的眼睛是雪亮的，在互联网时代成长起来的90后、00后更是不好糊弄。对于负面新闻，虚情假意，洋溢着小聪明的危机公关，他们并不会买账，直面错误才是好的策略。危机公关的本质是大众情绪管理。只有诚恳认错，共情地去体会受众的情绪，展现出切实的改进方式，才能让大家明白你尚且秉持普世正确的价值观。那么，大家兴许能释怀，放心地原谅你，给你改过的机会。

拜这张娃娃脸所赐，我至今还能被一些陌生人误以为是学生，也便厚着脸皮想占尽此便宜，加上不以为耻的少女心，硬是要凑“小仙女”的风潮。我，要爱，要美，要开挂。如今离开舒适圈创业，那么，“小仙女”和CEO可不可以是同一个人？

林徽因说：“温柔要有，但不是妥协，我们要在安静中，不慌不忙地坚强。”

看到这句话的时候，我正巧在日内瓦的一座高台上，路人告诉我这个高台以前是给女王的。女性优势是化百炼钢为绕指柔，我们可以温柔而强势地成为生活的女王。对此，我自身也有很大的可以完善的空间。作为Chengchi University上海校友会理事，我对校友会的Cindy会长着实钦佩，几年共事和数十场活动的共同筹备下来，我觉得她就是我喜欢的女人的样子，温温柔柔却“四两拨千斤”地号召大家把一个个任务漂亮地完成。

有一张图让我印象深刻，弱小的唐僧骑着白龙马，身后是巨型的暗黑系画风的三位徒弟。我非常喜欢这种感觉：用“最轻描淡写”的方式将牛鬼蛇神收于麾下，一路守护自己去取经。

职场中，我属于“温和而强势的那一类管理者”。在前一家公司的时候，部门的同事评价我是她见过的“最温柔的高管”，我不敢说自己温柔，但在台湾待了几年后，确实变得“柔软”很多。

最近，网上流传着很火的各系符号——

佛系：都行，可以，没关系；

儒系：稍等，抱歉，对不起；

法系：免谈，不见，按规矩；

道系：闭嘴，滚蛋，你傻×；

刚看到的时候，我感觉这特别符合创业者的心理变化。创业，就是昨天还觉得“看来我还是回企业上班吧”，今天就“感觉我要发财了”。虽是玩笑话，但创业途中有时风景差得确实能让人翻白眼100遍，骂都不知从何骂起，哭都哭不出来，个中酸甜苦辣只有自己体会，要在风风火火开疆辟土的同时，保持平和的心性相当不易。在“打怪”中修炼，升级成精，再打怪，又修炼到更高层，最后取得真经，终于达到“儒为表、佛为心、道为骨”的境界。当然，这里的儒佛道，指的是其真正的含义，并非上述的趣味符号。

挫折：做最坏的打算，但拼死找一条生路

小时候我们常听到大人们说：小孩子真幸福，没有烦恼。

那时的我们会想：大人们才幸福，不用写作业，不用考试。

成长的烦恼以不同的形状和深浅进入人生的各个阶段，到了30岁，真真切切地感受到烦恼本身，才觉得小时候的烦恼大多是自己想出来的，就跟棉花糖一样，尝过以后，化在嘴里还有点甜。如今，终于体会到辛弃疾这首词的意味："少年不识愁滋味，爱上层楼。爱上层楼。为赋新词强说愁。而今识尽愁滋味，欲说还休。欲说还休。却道天凉好个秋。"

成年人的世界，烦恼顽固很多，只能扛过去——

有朋友在离不掉的婚姻中挣扎，有朋友创业失败净身出局，还身负几十万元的债务，有朋友在企业身居高位，操劳心累，背着房贷，每天省吃俭用……

成年，真的没有想象中那么酷。更苦的是而立之年，依然没有“立”的人们。

我所写的在优胜劣汰中被筛掉的“我自己觉得我很好/就算我不是足够好，你为什么不要我”患者，一方面去不了好的大公司，就算在大公司里，良好的自我感觉也会使他们不甘于在大公司基层工作，又不精进，只能离开。另一方面创业公司需要十足精干的团队，他们又不具备创业精神，用大公司的“萝卜填坑”思维挑“这个该我做，那个不该我做”。

上班族有上班族的烦恼，如能不能升职，能不能加薪，会不会被炒，老板器不器重，人缘好不好，距离太远有没有补贴，下午有没有茶歇和水果……

创业者有创业者的烦恼。我把创业者称为：峭壁上的攀爬者。

一篇期刊文章中写“成功创业者需要具备的条件”：包括个性特征、个人能力以及商业智慧。其中个性心理特征（自信乐观、理性冒险、富有激情、开放心态、高成就需要）是创业成功的内驱力，而能力（经营能力、管理能力、决策能力、交际与沟通能力、学习能力、团队组建及管理能力）和商业智慧（商业眼光、产业把握能力、个人魅力）是创业成功的外延保障，它们就像稳定的铁三角，共同构成创业者成功的必需条件，三者缺一不可，互相影响。

我曾观察过四位成功的女性创业者，她们的个人特质几乎都符合了创业成功者个人特征所需的自信乐观、理性冒险，从她们每天在微博上的自我宣传来看，她们都富有激情。在创业发展及与各方互动等方面，也秉持开放心态，不狭隘。当然，无论从她们的表达还是行为来看，她们都不甘于老老实实当上班族，而需求更高的自我实现平台。论能力，她们具备学习能力，对于缺乏经验的项目，往往可以看到她们微博上表达目前所面临的领域是生疏的，但过不了多久，她们会分享给大家她们如何努力并且终于克服困难，还收到不错的效果。

一个企业或者社群，在如此短的时间内发展如此迅猛，就足以表明创始人的经营能力、管理能力、决策能力和团队组建能力。这些创业者有的上过电视，有的被媒体采访，能在整个创业路上搜罗大量人脉，说明她们的交际与沟通能力也绝对不差。论商业眼光，能够在风口抓住机会，立刻行动，并且迅速扩张，所挑选的产品、服务和发展方向都可圈可点，所以成功创业者所需的商业眼光和产业把握能力，她们也具备。如果说企业的成功不足以反映创业者的个人魅力的话，那么社群的成功，则说明创始人具备足够的个人魅力，才能吸引那么广大的粉丝群体，达到集聚效应。不得不说，这些创业者还有一个优势特质，就是都是“美女”。她们知道自身的这个优势，并且在不避讳地善用这个优势。

“创业初期不能盲目自信，要拥有足够抵抗风浪的能力与体力，试着去设计所有场景，包括市场大小、潜力、需求流量的强度、密度及广度，投趋势而非投机会，洞察目标客户行为，再检视盈利模式等，具备这些特质，自然能吸引投资人注意。”在一次讲座中，一位具备丰富实战经验的商学院教授如是说。

“通才为大，专家次之。”创业CEO应该就是通才，几乎什么都要懂，什么都要会。

分享一件亲身经历的事。有一个叫Todd的人来找我，想跟我合开一间旅行主题咖啡馆，说得煞有介事，给我画了一张蓝图，说要打造具有内容的连锁咖啡馆。也有消息说他另外的一家公司拿了某著名上市公司老总的个人投资。咖啡馆的场地，是在当地某一领域颇有分量的Derrick推荐的，场地主人Edward允许我们免费使用。我们只需要装修成都市女性旅游爱好者喜欢的风格，并且购买咖啡和简餐设备，聘人运营即可。

他分别找了我和与他认识8年的国际集团的高管Kent投资运营。又找了他认识十几年的兄弟Oscar和Rock分别负责装修和设备采购。

大家也并非是因为他参与进来的，而是因为听他说明了盘子里都有哪些人，觉得背景都不错，才纷纷参与。各方互相不认识，信息不对称，却又在某种程度上为这个项目背了书，听着组局人的安排，共同欢天喜地地开始了这个咖啡馆建设并给予了美妙的期待。

直到有一天，早上8点，我被Edward的电话叫去了他办公室，他一见面便问我："Todd是什么情况？听说在海南做倒闭了一家公司，亏了他合伙人两千多万，拖欠员工和供应商工资。”我因这一问而皱起眉头，他接着说：“这就是为什么合同至今押在我这里，不敢跟他签，知道吗？我对此虽早有耳闻，奈何装修已经开始，若是没了解清楚，贸然终止，恐怕不妥当。所以叫你过来问问，你是他合伙人，他到底什么情况？”

当时的我已经在盘子里，若是突然被收回了地，无疑是损失。我虽然之前也听过一些传闻，但从和Todd的直接交流来看，除了觉得他比较浮夸以及没有经济实力之外，倒也不至于十恶不赦。这个咖啡馆还是可以开的，后期我们好好运营，打造成网红店，Edward还是能享受到不错的分润。于是，我便向Edward保证，我们真心想做好这门生意，况且Todd以前就和股东们达成了共识，不会插手运营，所以他大可放心。其实，当时的情况下，合同早晚都要签，Edward早已骑虎难下。本来以为接手的只有Todd，他颇为担忧，后来见了我，当面聊了两次，确定我也加入，算是安心了一些，很快便把合同签了。

过了一个月，我接到Oscar公司的总经理的电话，问他们已经装修过半，为什么还不签合同打款。我在电话这端又皱了皱眉，说：“嗯，知道了，我问问。”随即挂了电话。现在有两套说辞，那位总经理说只收到了十分之一的款项，但Todd一口咬定付了二分之一，并且说和Oscar有另外的约定。于是装修几乎停摆，我不认识Oscar，况且Todd和Oscar是认识十几年的兄弟，我能做的只有两边催，但两边都不动，项目陷入僵局。

我不方便找任何人，因为不知道他们是不是都是一起的，也许就是为了吞掉我的投资款。巧的是，隔了一周，Kent正好一时兴起来咖啡馆，我把他留住，在确认没问题后就跟他说了情况。他也瞬间皱起眉头，我们两个面面相觑，开始思索当前的局面。

在Kent的压力之下，Todd出面恳求Oscar继续进度，别停着让他难堪。那时我们已经认定，Todd没有把我们的投资款付给Oscar。可是，Todd解释说有另外签保函给Oscar，我们不认识Oscar，无法求证。所以，当时咖啡厅装修的停顿到底是Todd的问题还是Oscar的问题还不得而知。

Todd的各项说辞被一次又一次地印证不实，我和Kent非常失望。失望在于信任被肆意践踏，也在于Todd对我们“睁着眼睛说瞎话”时，我们的智商亦是被侮辱的。

接着Edward带我去找Derrick，质问他推荐的是什么人，Derrick觉得一切都是由他引荐不谨慎而起，而且可能会造成我们的损失，表示抱歉。

在和Todd沟通的两个月里，对于进度我紧追得他透不过气，他对我十分不满，又觉得我知道得太多，想把我排挤出去。过程中还发生了几件惊心动魄的事，所幸在失眠了几个晚上想到突破困局的方法后，安然度过，这里不一一描述。

我们说，一切要以发展的眼光看待问题。两个月可以发生很多事，如一个人会因为他的不靠谱失去他亲手组起的局。Todd没有明白，在大家一次又一次给机会、一次又一次留余地以后，他的不诚实让他彻底失去了人心。

后来我终于见到了Oscar，明白了他们的真实关系，也知道了根本就不存在保函。大家终于忍无可忍，提出上诉。在官司和负债面前，Todd选择退出，我们赢回了一个清清爽爽、充满正气、干干净净的盘子。

故事至此结束，而现实的精彩程度堪比小说。Todd刚认识我的时候，还特别引以为傲地说他高中开始就工作了，当时有9家公司……相较而言，我们另外几位就纯朴多了，Derrick香港中文大学毕业；Kent南开大学本科，在英国读的硕士；还有我，就不赘述了。早些年，不规矩的人可能会出头，但现在这个时代变了，“正规军”拥有强大的校友资源、人脉关系，以及法律、财务、商业知识，对于不规矩的人，大家唯恐避之不及，这样的人早晚会为自己买单。

对于前文提到的关于学历的观点，看完这个故事，大家是不是更有体悟？高中辍学到处串“资源”，开9家公司最后都以烂尾收场的Todd，连基本财务、法律、公司治理等概念都相当薄弱，和其他学历、经历都堪称优质的创业者相比，投资人会选择谁一目了然。尽管确实存在学历、经历不佳但创业成功的个例，但投资人会去赌个例吗？我接触过几位学历、经历并不出彩的年轻创业者，他们中有拿到著名天使投资的，有年流水过亿的……各有各的风光，却仿佛有同样的面貌：公司内部管理混乱，看似忙忙碌碌，合作方却总是找不到他们，沟通没有闭环……后来终于因没有新一轮融资进入而濒临破产。

商场如战场，一不小心，跌进悬崖的可能就是你。当你遇到形形色色的人，遭遇各种各样的事时，要沉着冷静，想到最坏的情况，但要拼死找一条生路。我当时想的是，就算亏掉了钱，但通过这个过程，结识了那些优质的同盟，也花钱买了经验和教训，拉长时间轴看，也未必是吃亏。

事后我对Kent说："我们被喂了半年的烂苹果，突然对方把烂的一面切掉，我们竟然喜悦了，但明明我们可以吃好苹果的。这个项目，Todd对我来说是个亏损项，浪费了我的时间和精力。但是通过这个项目，认识可靠的资源，是盈利项。接下去这个项目我们要好好营运，一起在这个初次合作的项目中赚到钱，反亏为赢，加上收获好的合伙人，这样才划算。"

有人想空手套白狼，有人想不劳而获，有人想别人栽树他乘凉。我想问：是什么支撑你一直想得那么美的？一位潮牌咖啡店的老板预约来参观我的IP孵化园，还没到就抱怨杨浦区不在市中心，又抱怨我们那一带属于老城区。然后摆出一副屈就的姿态，说："我可以把咖啡厅开到你们园区，但是我只出IP形象，其他的诸如装修、设备、技师、服务员等，你们来。"我一听，夸赞了几句："嗯，你们的IP形象是挺好的，不过前两天已经有人预订了商铺，开轻餐饮，不好意思。"然后挂掉电话，心想：那么没名气的IP，让你来IP孵化园开分店，我们有多方力量帮着宣传，而且有那么优惠的租金条件，我们诚意相邀却请来一尊菩萨，不如作罢。

“把坏人推向深渊最好的方式，就是喂他吃糖。”

对那些不懂事的人，骂他有用吗？骂他能让他清醒吗？他不但醒不了，还会记恨你。况且，你怎么知道睡着的是他呢？也许糊涂的是你自己。若真是他不清醒、劣迹斑斑，你就夸他，让他沉沦。

有朋友问：“童，你那么爱夸人，对优秀的也夸，对坏人也夸，有什么区别？”对优秀的人，诚心赞赏，惜才，是吸力，心和行为上是更加靠近的。对坏人，因为你指出他的“劣”可能会被记恨，敷衍地夸，然后，或保持距离，或默默远离。

行为才反映真实内心，而非语言！

格局：想当将军，就别用兵的思维

你是将军还是兵？你是老板思维还是员工思维？

老板思维是：遇到问题，不要说废话，就说怎么解决。

员工思维是：什么？出了问题？不完全是我造成的，因为……

老板思维是：你要跟我说什么？请你逻辑清晰，表达清楚。

员工思维是：我要跟你说，关于这件事为什么你要求我那样处理呢，那不应该是我们甲方的职责范围啊……（然后发现资讯没有搜集完全，被老板几个问题弹了回来，面子下不去，尽管对于老板的逻辑还没理解透，但先转移话题）……于是，他跟你绕啊绕，这个问题还没理清楚，又不想显拙，就扯到其他事情上去……

但是，思路清晰的人不会被绕进去，能被绕进去的人思路不清晰。思路清晰的人才能当好老板，思维乱得把自己都绕进去的人本身进步空间就有限。

思路决定出路。老板永远在思考“如何解决问题”，如何在供应链上降成本，如何在价值链上创造更多价值。员工则更多在思考：这个问题应该是谁的职责、谁去做、怎么做、不该我做、我不会、做不好要担责任……

一个朋友之前来咨询我一个问题：“我想换办公室，之前已经从陆家嘴搬到了静安区，这次搬，你给我推荐一个地方。我主要想知道员工们会希望在什么地方办公。”

我笑着回：“员工们希望事少钱多离家近。最好上下班走路能到。办公楼还得豪华……”

以前在企业的时候，我常为怎样才能在极少的预算下调动资源把品牌打出去伤脑筋，专注于这个目标，可能会忘了下班时间，也经常在晚上睡觉前还止不住大脑高速运转，思考方案，也会因和工程师出身的老板关于品牌推广意见相左而据理力争。比如老板说我的想法天马行空，我是这样回的：不存在天马行空。推广的本质是：品牌+产品；推广的目的是：首先“被看到”，接着“被接受”；推广的形式是：如果一定要说天马行空，那么天马行空的是推的形式及手段。这部分常会有人不理解，但只要永远记着现在的目的就是要“被看到”！不管什么手段，就是要你看到我（的品牌和产品）。互联网传播都在说“内容为王”。“内容为王”不是指“有内容就好”，而是“做好内容”。再有内涵的女人，如果不够漂亮，不够有趣，不够有特色，也没人有耐心在这个快餐时代好好阅读你的内涵，你辛苦修炼的内涵没人看，可能只有几个亲朋好友懂你，产品只有公司的一批人在朋友圈转发，传播范围有限，便难以收到效果。要脱颖而出，就要抓紧让内涵的颜值提升。

我也看到过很多同事上班时间打游戏，一瞄到领导靠近，就切换屏幕窗口。我对一位友人说起：“有些人真的是老板在和不在不一样啊，作风跟有些小学生差不多。”友人随口一句：“大部分人都这样吧。”我答：“我就不是这样。”他说：“那你何必？”我说：“这就是为什么我现在自己当了老板。”友人突然明白了，点了点头。

每到离职高峰期，又到了不安分的“草莓族”受不了现在的工作想换公司的时候了。对于离职这种行为，家长们或许也会加入苛责的行列，认为现在的年轻人动不动就换工作，太能折腾。我倒不这么认为。离职跳槽大致分为两种情况：一是被动走，二是主动走。我说的“被动走”可能是指在公司待不下去了被辞退，也可能是指对现有的工作厌倦和无力而辞职。而“主动走”，指的是按照自己的职业生涯规划，想突破，想转折，有机会进行下一步。

假如是前者，当然不太可取，若是经常“被动走”的人，应该审视一下自己，分析到底是什么原因造成自己每份工作都做不长。本书前文说过“猫头鹰”的寓言，在这里也适用。凡事不从自己身上找原因，总觉得是公司亏待自己，像寓言中的猫头鹰一样，宁愿搬家也不改变自己的叫声。我遇到过不少“猫头鹰”，在一家公司不想投入心力工作，却想着升职加薪，于是总感觉自己怀才不遇，跳槽跳得在整个圈子里名声都臭了。

但若是“主动走”的，我是鼓励的。人不可能一份工作做到底，过去的工作如果让你已经快忘记了人生的意义，那转个弯，也许会有不同的风景。有人问：“现在有另一条路放在我面前，我该走原来这条路，还是去另外一条。”此时我会回答，你现在走着的这条路通向何方能够预想得到，而另一条路会发生什么你很难预计得准。所以在现在这条路上想另一条路上会发生什么，是没有切实感悟的，何不走一走那条路呢，也许会有意想不到的收获，若是走过以后，发现那条路不适合自己，可以再回来，人生何其短，有体验的机会何不去尝试呢？

我曾接手过一个创业团队，其中原本的负责人是一位比我年龄大，个性刚毅的男生，但学历、经历和能力称不上优秀。第一次见面，他自信满满地跟我说："我不加班的。"虽然后来他逐渐适应了创业的状态，也有心做事，但思维还是难以跨越过去的模式，毕竟这个模式已经跟随他近40年了，加上没有受过好的专业培训和训练，逻辑时不时出现漏洞，做事虎头蛇尾，常有疏漏，大男人的执拗，对过去经验的固执，对于他人意见与建议条件反射般地抵触……每次他开始出现负面情绪和抵触情绪，我都要帮他顺一遍思路。我带得十分辛苦，但鉴于相识也是缘分，并且他有心逆袭，便屡屡给机会，甚至在一次他因疏忽造成较大损失后，我给他发了微信——

首先，我没拿你当打工的看，所以自然不会用基层员工的要求对你。在什么位置，就要有什么能力，扛什么责任。

其次，无论是我愿意通过自己的关系给你一部车开，让你办公便捷还是送你去交大、复旦进修，除了学习之外，还能认识那边的同学，这些机会不是没有成本的，花费的是公司的时间和我的资源，却省掉你自己多大的一笔MBA进修费用？

再次，我是在培养你创业者、管理者的素质，而且你不用担什么风险。这样的机会给你，请别再让我失望。你要改的第一件事就是要沉下身去，真正做到谦虚，悉心去四处求教，不断快速地掌握方法论，融为自己的知识和本事，漂亮地把事情处理好。不要每次跟你说完，都是间歇性踌躇满志，然后又回到老样子。改的真正原动力在于，你要真的觉得自己有很多不足和进步的空间，而且改的地方要实际到位。比如你觉得你时间规划能力不足，就把要做的事都列出来，然后决定哪些事情先做、哪些事情后做、哪些事情可以同步做，不要误事。你改进的阻力在于，你没明白事情内在真正的逻辑，所以只改表面，不改根本。如果我像你对我一样对待我那些良师益友，那我就根本成不了他们赏识的人。人脉集聚，根本就不是认识人那么简单。

“我做了哪些事，没有功劳也有苦劳”的思路，是打工仔思路。你应该想“如果这件事，我和童童的认知程度一样，同一时间开始了解并着手去做，我能不能处理得比她好”。若是你能，我放手让你管。这才是一个对自己有进步要求的人的思路。因为后者是“价值论”。

有一次，关于“快车司机每个月能挣几万”的话题在办公室引发一场小感慨，我正好经过，听到一位同事说：“那我还是去开快车好了。”这似乎是句说给我听的玩笑话，我当时想：“多少能力、多少付出，就收获多少回报。赚钱的机会多得是，关键你得赚得了。比如，你怎么忘记了你根本不会开车？”但我也只是当作玩笑话来听，之后笑着假装什么事都没发生，走回了办公室。

在操盘那个项目的过程中，我有单独找他们沟通，分析利弊，给出期待：“遇到一些想不通的问题，在负面情绪跑出来之前，我欢迎你来找我解惑。不要和同事们去议论一些妄想出来的原因，对事情产生错误的理解，加深自己的负面情绪。当了解真实情况，你会发现生气不但完全没有必要，而且生气的时间影响了工作态度和效率。”

我鼓励他们与其他优秀的人去探讨和请教处事方式，而不要几个人聚在一起边爆粗口边用自己的高度去揣测莫须有的事情，要不然办公室就真的成了“逛不完的菜市场”，跳不出的狭窄圈子。

很多人总是在思考一些鸡毛蒜皮的事，这里需要注意，“鸡毛蒜皮”和“细节”不同，细节是对事态有影响的事，虽然微小，但不能被忽略。所以细节很重要，而“鸡毛蒜皮”是“非重点”。

《巴黎吧哩》有一期的话题是“老板傻要不要告诉他”，最后的“言艺talk”，我们总结老外们的见解：首先搞清楚是自己傻还是老板傻，因为可能是你没有领会老板的角度，他没把做事的逻辑解释给你听，你理解不到位，所以，傻的可能是你自己。若真的遇到了傻老板，你就找机会告诉他，他若能理解，便皆大欢喜，若不能，你要么好好工作，要么换部门，要么离职。

“企业在不同阶段有不同的管理和人才需求。”上海交大一位拥有26年工作经验、9年CEO经验的EMBA教授引用李嘉诚的话，他将工作伙伴从基层至顶层分为三种：种子业务、增长业务、核心业务。种子业务唯才是举，要有能力、绩效要好；增长业务用有野心、企图心的人；核心业务需要具有智慧、价值观一致的人，这样的人需德才兼备。

为了在价值观与业绩中取得平衡，教授提到，他的企业文化有明规则，也有潜规则。明规则是看得到的业绩、人气及人脉；潜规则重视员工的基本功，包含了穿衣要到位、有一定的文档能力（PPT、Excel、PS）、英文能力、气度格局、知识学问面等，同时要有好的体力。

老板只希望大家帮他解决问题，而不是制造问题。所以本质上，就事论事，并不会因人而偏袒那些不利于公司发展与事情解决的选项。

关于人才，团队里需要不同类型的人，多元文化能够让思路更宽阔，发掘更令人惊喜的解决方案。所以若已经在一个团队，都是经过挑选的优秀人才，就要发挥每个人擅长的方面，让他们各展所长。意见相左是很正常的，每一场头脑风暴都是一笔思维碰撞的财富。所谓“谈笑有鸿儒，往来无白丁”，所以少些八卦是非，认真做事。

心态：这世界就是你和自己的一场游戏

“最终这个世界就是你和自己的一场游戏。”这句话是我的学姐Sylvan说的。她对我而言，某种程度上是先行者。她比我大7岁，学历、经历都很漂亮，现在是Chengchi University商科博士在读，也有过一段短暂的婚姻，事业有成，目前是单身贵族。别人的忠告我可能会将信将疑，但她的建议，我总是会认真地在心里消化。

她劝我在35岁之前，一定要把自己嫁出去，年龄越大越难以结婚，因为中国的父母还是传统的居多，除非男生够爱你，不然男生父母可能会介意大龄、离异等情况。虽然我圈子里人的观念开明很多，未来90后、00后主导的社会观念也会开明很多，但我若喜欢“大叔型”的话，不得不承认“大叔”们的父母应该就是学姐口中的样子。观念不同，对他们、对我都是委屈。当然，基于对我的了解，学姐始终认为我的成功率是很高的。她觉得我的风格太独特，喜欢我的人会非常喜欢我，因为找不到雷同的款，没有替代性。

我的时间紧迫感并非来自于对自己魅力的担忧，我只是希望自己不至于成为太高龄的产妇。所以，我其实并不焦虑，虽然老是调皮地宣称自己今年要“脱单”。很多东西是藏不住的，如发自内心的笑、眼神里的希望。我的心里就有希望，也总能接收到希望。比如前两天，有位中欧商学院的朋友给我留言：“我的两个女性朋友，都40多岁了，突然找到另一半，现在幸福得简直让人嫉妒。一个是特别强势的女人，居然遇上一个就喜欢她这种类型的西班牙男人，现在生活得非常浪漫。另一个也是女强人，现在定居新加坡，两个人满世界逛，吃好吃的，她胖了不少，可是老公完全不在意，继续一起全世界找好吃的。”

关于现实中的男女选择生活状态，Sylvan学姐是这样说的：很多人只看表象，比如为什么优秀的女生单身的那么多。一切其实就是“自我满足”和“自我实现的边界”的课题。女生结婚，相当于把精力分了一部分给老公，一部分给小孩。如果选择单身，她的时间和精力即完整地给了事业，她所有的脑细胞都在学习和追求事业发展，所以，她的成长速度是很快的。这就是为什么单身的优质女生会跑得越来越快，越到后面见识越多，眼光越高，普通男人已经入不了眼了。而男生，无论结婚还是单身，他对事业的投入程度变化是不大的（相较于女生来说），所以，他的发展速度在他单身时就可以看出来，结婚、离婚，并不会引发太大的加速度。

有两位男企业家朋友问我：“你们是怎么回事？为什么那么多优质的女生都单身。我发现一个现象，如果把男女都分成A、B、C、D四档的话，规律往往是A男配B女，B男配C女，C男配D女，然后A女和D男就剩下来了。”

我觉得这就是“男女能力已势均力敌”的现状和“最佳男女关系仍应男强女弱”的观念的矛盾。

要知道，现代女性很是出色，以创投圈为例，马云说：“互联网经济是体验经济，女性在体验经济中有天生的直觉。互联网给了那些自立、自爱、自强、自信的新女性一个机会，追寻自己想要的梦想。”他还对女性创业者表示敬意：“谈起女性，我们往往会想到爱、温柔、善良、美丽等美好的词汇，但同时与女性的美好相对应的，还有忍耐、坚持、承受以及默默的奉献和牺牲。我们往往关注了女性的外在，而忽略了女性的创造和贡献。世界因为女性而美好，世界因为女性而成为世界。”

时代确实在发生变化，这不只体现在从IT时代走向DT时代。更有趣的现象是，当我的毕业论文确定了以女性创业为主题时，竟发现能找到的关于女性创业的书如此“稀少”。大多数的书，都与创业有关，而大多数的创业案例，都来自男性。书为沉淀下来的经验与智慧，说明沉淀下来的经验与智慧还来不及反映时代的极速变迁。波士顿咨询公司2014年的资料显示，2012年美国女性创业者占到其18～64岁人口比例的10%，而中国女性在创业方面较之其他国家女性有着更加突出的表现，中国女性创业者所占比达到了11%，与美国相当，相较于法国、德国、俄罗斯等欧洲国家的女性，更具创业精神。

另外，关于“大叔”们选择小女生的问题，Sylvan学姐也有见地：“小有成就的单身‘大叔’会倾向于找好掌控的小女生，但他们不懂女生，年轻女孩们那时还什么都不太懂，对他们是仰视的。但当她们长到30岁，可能突然就醒悟了。然后只有两个结果，负责任一点的，割舍掉内心的欲望，留下来陪着你。忠于自我的，可能就离开了。如此，‘大叔’们的结局也并不好。所以，真正有实力的‘大叔’不会这么选，如果这么选，他们就要保持一直让女生仰视的速率成长。”

这就是“自我满足”和“自我实现的边界”。当下的状态无法自我满足时，人们就会去寻求自我实现，自我实现的第一步，就是“打破原来的状态”，到达新的边界，获得新一轮满足。

现实有许多无奈，生活处处充满课题，每个人都只能靠自己去体验、学习和领悟。比如单身的人，在期待到底哪个转角能遇到爱，每个月刷着星座看恋爱运势。渴求事业顺利的人，在办公室放上一棵发财树……未来不可知，有人在等待，有人在焦虑，有人则充满希望。

气定神闲，意念导引能量，积极的自我心理暗示太重要了。

我高中的时候有个同学，平时成绩大概在班里排七八名的样子。有一次期末考试，竟考了全班第二，原本数学试卷中经常空白的大题那次正好是他之前做过的，原本英文试卷中的最弱项完形填空居然也对了八成，更难得的是语文作文还得到了不低的分数。从那以后，他就一直暗示自己的好运已经到来，于是奇迹发生了，他越复习越觉得容易，高考前期的几次模拟考都稳居前三。高考时，他距填报的第一志愿复旦大学的分数线差20分，幸运的是他在高三时评上市三好学生，恰巧可以加20分；进了大学，他又因为其他加分政策加了10分，进入自己所喜欢的专业。

有个少年成名的作家在一次演讲中说："如果我的小孩，能够让他选择过正常孩子的生活或是像我一样少年成名，我还是会希望后者，尽管我很不好意思自己少年成名占用了太多媒体版面和社会资源。但正是因为我从那么小开始就被几乎所有人认为我有写作才华，这无疑让我自己也坚信了这一点，觉得自己可以一直写下去。别人常问我'写作是天赋重要还是勤奋重要'，我认为天赋虽然重要，但对天赋的信念更重要。所以，我希望我的小孩也能如此幸运，获得如此信念。"

我认识一位女生，相比前面说到的高中同学，她简直像个"倒霉鬼"。名牌大学毕业，能力不是没有，道理也不是不懂，可找工作却时时受挫。毕业3个月后才找到人生第一份工作，接着一年内被3家公司请退，请退的理由并不是她犯了什么错误，但具体什么原因她也不明白。对于她的留言，我回复："亲爱的，你是值得更好的女生，不要受庸俗和狭隘蛊惑。人的气场是个很奇妙的东西，心态好心态正，气也会聚，那么运也会亨通。反之则气散，运也不会到。用坦然的心态去面对生命中的起落，你会成功的。"

读到这里，请抬头观察一下当下在你周围的人。有些人是不是神清气爽，感觉做什么都潇洒得志？而有些人却灰头土脸，脑门上印着一个大大的"衰"字，诸事不顺，连喝水都能呛着？然后，请再看看自己，此时的你，是聚气的还是泄气的？"气"是个很妙的东西，仿佛有点玄乎。它有点像是"磁场"，或者也可以理解为信念。"有些人因为看见而相信，而有些人因为相信而看见。"这就是人与人之间的区别。

你喜欢一个人，觉得他好。并不是他真的那么好，而是"你觉得"。所以正如扎西拉姆多多写的《你见或者不见我》中的名句：

你见，或者不见我

我就在那里

不悲不喜

你念，或者不念我

情就在那里

不来不去

……

所以，心态和信念，在于自己，“最终这个世界就是你和自己的一场游戏”。

能够在独处中享受乐趣的人，不会是无聊的。

能够在嘈杂中保留独立思考的人，应该是有趣的。

拥有思考力，当一个有趣的人，本身就有意义。

我是狂想派，喜欢在散步的小路上，在懒散的午后，在恬静中让思想尽情狂奔。身体是静止的，但思绪万千。我是一个极需要在一定时间独处思考的女生，因为什么都敢想，才让我什么都敢为。想得够深刻，才能让真实的路走得更坚实。就像电影《少年派的奇幻漂流》中，少年派的父亲对同时信仰了印度教、基督教和伊斯兰教的派说：“如果你同时信仰三个宗教，那等于什么都没信。”所以，其实目前为止我没有“信仰”，这是我的遗憾。我相信科学，但说自己是无神论者好像也不合适。

一位朋友对我说：“星座有价值的地方，就在于能够挖掘出让你自信且不断前进的东西。”我觉得，星座有意思的地方还不止如此。暗恋一个人的时候，每天晚上睡觉前，最开心的事就是搜他的星座——他好像有点喜欢我，然后花痴地笑；难道他对我只是暧昧吗？于是陷入纠结，继续搜“他这星座的人会喜欢什么样类型的女生……”

判断一个人喜不喜欢自己太简单了，只要看一点：他有好事会不会第一时间想到和你分享。而且，喜欢一个人根本是藏不住的，因为他可能自己都意识不到他看你的眼神很温柔，闪着星星。然而，又有多少人宁愿翻着星座宝典去琢磨呢？这大概就是爱情。

我比较像喜欢活在自己思想世界里的疯子，但又不能接受与世隔绝。举个例子，我喜欢静静地坐在阳台上喝一杯茶，看一本书，但是抬头必须看到远处有人。我爱一个人处着，但又不喜欢眼睛能看得到的地方是没有人烟的。比如我喜欢在一个安静的咖啡馆独自沉浸在写作里，这里没人来打扰我，但却不喜欢一个人闭在房间里创作。有人说，大隐隐于市，我不敢说自己是“大隐”，只是我喜欢“距离”，但又怕被世界遗落的孤寂。

“精致极简主义的思想狂人”，这是我曾用过的个性签名。去繁留简，抓住重点，又能在生活中找到乐子，当一个有趣的人。

后记

自律的你，要爱，要美，要开挂！

出发是为了制造旅程，

到达由旅程堆叠而成，

所有的流逝都是永恒。

如果没有今天，明天怎么会有昨天。从办公室窗口看出去，那些忙忙碌碌的人，脚下踩的大概就叫理想吧。很多所谓的佛系少年，其实只是嫌追逐梦想的路途太辛苦和遥远，心里其实很焦虑。当真佛系的人，应该是不会看我这本书的。

眼看着团队里进来的都是90后，个人风格自成一派，脸上满满的胶原蛋白都能把我逼得晚上对着镜子照好几遍，然后赶紧按摩，对抗地心引力。过去，我一直是圈子里最小的存在，得意于听到大家“哇，你那么年轻”的惊呼，现在，年轻的本钱已经越来越不明显。

“90”后们已经在被催婚，我便不折不扣地成了“古董”，可，那又如何？连追寻事业梦想的鱼刺都要拔了，面对感情生活，既然过去已有经历，难道还会允许未来“将就”吗？墨子攻说：“我觉得生命生活每时每刻都是半杯水，能看到有半杯的水而满足的人是快乐的，能看到空半杯而宽容甚至兴奋的人是真正幸福的。”转念一想，比起很多同龄人，我还能自由地追寻爱情，多好啊。“我一直相信，真正具备爱的能力的两个人，可以在彼此身上唤起某种生命力，双方都会因唤醒了内心的生命力而充满快乐。”无论一个人多大年纪，什么背景，什么个性，什么星座，多么死寂，一旦那个他（她）出现，便会复苏。

就像中年男人可以选择油腻和不油腻，30岁的女人，也没必要因“少女心”羞耻。我欣赏一位明星——杨幂，和我同年，光明正大地当着美少女妈妈。年轻貌美，在新时代的今天，不应该局限于年纪。

见过我本人的，都觉得与“文字背后犀利的我”人设不符。真实生活中的我，尤其是在朋友面前，甚至有点“drama queen”，翻译过来就是搞笑版“戏精”。之所以绰号叫“小妖女”，就是因为变化多端，捉摸不透。在不同场合，形象差别很大。

懂人，懂事，懂规则。

轻松，快乐，有希望。

从容，花香，有暖阳。

要爱，要美，要开挂。

我为什么而远行？我为什么去留学？是理解更多文化，习得更多知识，碰撞更多智慧，饱览更多风景，踏足更广阔天地，体验多彩的民风、欣赏类型多样的建筑，回味深远的历史，还是借物思人生，借景省心灵？最终，你还是想回家，那才是归宿。

就像《小王子》里说的：如果不去遍历世界，我们就不知道什么是我们精神和情感的寄托，但我们一旦遍历了世界，却发现我们再也无法回到那美好的地方去了。当我们开始寻求，我们就已经失去；但我们若不开始寻求，根本无法知道自己身边的一切是如此可贵。

有人说“我想要简单”。其实，简单才是最难的。你可以自由地不见不想见的人，不喝不想喝的酒，过上经过思考、选择后的自己喜欢的生活。这种岁月静好，是哪怕哪天你想重回江湖都仍有一片天地，但又可以随时选择现世安稳。而不是没得选，不是要么怨人、要么怨己、要么憋屈的“不得不岁月静好”。因为后者，其实你知道你不好，你躁动的心告诉你，你不好。如果你过着心里想要的生活，管外界波澜壮阔，管旁人平静如水，只要心和生活是匹配的，那便是好。

我想要什么样的生活？这是我勾勒的画面：

有着喜欢的事业，和喜欢的人在一起，坐在阳光下，绿叶和花在不远处，他滑着手机不紧不慢地处理着公事，我喝着红茶，看着书，狗狗趴在边上舒服地睡着懒觉，孩子们跑来说：“美少女妈咪，她抢了我的玩具。”然后，我跟他们讲了分享的乐趣。此时手机响了，电话那头说：“小仙女CEO，××项目的尾款到了，××项目的合同签了。”晚餐，我煎了牛排，撒上一丁点盐，倒了两杯红酒，和他边喝边聊着明天我的演讲，问他有没有空带着孩子们来送束花……

我的30岁，柔软也强大，单纯也成熟，蠢萌也知事，领悟了很多也不断学习着更多。然后，静默并有气势地，既独立懂事又善用资源地去拼凑我想要的生活，把我憧憬的画面一一实现。